SCHAMANISCHE AHNENARBEIT

Bianka Maria Seidl

SCHAMANISCHE AHNENARBEIT

Haben Sie Fragen an den Mankau Verlag?
Anregungen zum Buch?
Erfahrungen, die Sie mit anderen teilen möchten?

Nutzen Sie unsere sozialen Netzwerke:
www.mankau-verlag.de/forum

Impressum

Bibliografische Information der Deutschen Nationalbibliothek
Die Deutsche Nationalbibliothek verzeichnet diese Publikation in der Deutschen Nationalbibliografie; detaillierte bibliografische Daten sind im Internet über http://dnb.d-nb.de abrufbar.

Bianka Maria Seidl
Schamanische Ahnenarbeit
So versöhnen wir uns mit unseren Vorfahren, erfahren ihren Beistand und empfangen ihre wegweisenden Gaben
ISBN 978-3-86374-644-5
1. Auflage November 2021

Mankau Verlag GmbH
D-82418 Murnau a. Staffelsee
Im Netz: www.mankau-verlag.de
Soziale Netzwerke: www.mankau-verlag.de/forum

Lektorat: Redaktionsbüro Julia Feldbaum, Augsburg
Endkorrektorat: Susanne Langer-Joffroy M. A., Germering
Cover/Umschlaggestaltung: Guter Punkt GmbH & Co. KG, München
Innenteil/Layout und Satz: Lydia Kühn, Aix-en-Provence, Frankreich
Energ. Beratung: Gerhard Albustin, Raum & Form, Winhöring

Bildnachweis:
S. 5, 11, 33, 73, 119, 171: germina - stock.adobe.com
S. 17, 90, 129: Bianka Maria Seidl

Druck: Druckerei C. H. Beck, Nördlingen

MIX
Papier aus verantwortungsvollen Quellen
FSC® C019821

Aus Gründen der leichteren Lesbarkeit wird im vorliegenden Buch die gewohnte männliche Sprachform bei personenbezogenen Substantiven und Pronomen verwendet. Dies impliziert jedoch keine Benachteiligung des weiblichen Geschlechts, sondern soll im Sinne der sprachlichen Vereinfachung als geschlechtsneutral zu verstehen sein.

Hinweis für die Leser/innen:
Die Autorin hat bei der Erstellung dieses Buches Informationen und Ratschläge mit Sorgfalt recherchiert und geprüft, dennoch erfolgen alle Angaben ohne Gewähr. Verlag und Autorin können keinerlei Haftung für etwaige Schäden oder Nachteile übernehmen, die sich aus der praktischen Umsetzung der in diesem Buch vorgestellten Inhalte ergeben. Bitte suchen Sie bei Erkrankungen einen erfahrenen Arzt oder Heilpraktiker auf.

Inhalt

Vorwort ... 7
Das weibliche Prinzip erstarkt ... 9

KAPITEL 1: Alles ist mit allem verbunden 11
Eine Sache des Bewusstseins ... 12
Zeitenwende im Wechselspiel der Kräfte ... 13
Leben im Gleichgewicht ... 14
Wie unten, so oben – wie innen, so außen ... 15
Das verengte Bewusstsein ... 18
Wie ich die Erfahrung des »Panta rhei« machte ... 20
Das Leben besteht aus Wechselbeziehungen ... 22
Morphogenetische Felder und ihr Gedächtnis ... 25
Wie ich als Kind meine Naturverbundenheit erlebte ... 29
Zusammenfassung ... 32

KAPITEL 2: Ahnenverehrung im Licht von Tradition und Wissenschaft 33
Genau hinsehen und hinterfragen ... 35
Die Ahnen in unserer Tradition und was davon übrig ist ... 36
Von der Kunst des Sterbens ... 38
Ahnenverehrung in anderen Kulturen ... 49
Bekämpfung der Ahnenverehrung und ihr Wiedererstarken ... 57
Unsere Ahnen unter der Lupe der Wissenschaft ... 60
Die Kriegsgenerationen und ihr Erbe ... 65
Zusammenfassung ... 69

KAPITEL 3: Unsere Ahnen – das natürliche Fundament im Leben 73

Brüchiges Fundament – schwache und fehlende Wurzeln 77
In eine bewusste Verbindung mit den Ahnen finden 89
Gesellschaftliche Folgen 92
Individuelles und kollektives Erbe 95
Spirituelle Ahnen als Mentoren 110
Zusammenfassung 117

KAPITEL 4: Systemische Ahnenaufstellung 119

Ahnenforschung – auf der Suche nach unseren Wurzeln 121
Systemische Familienaufstellung – Heilung der Familienbande 122
Systemische Ahnenaufstellung – Befreiung von den Lasten des genetischen Erbes 123
Das neue Privileg – Befreiung von den vererbten Lasten der Vorfahren 159
Wichtige Fragen und Antworten zur Ahnenaufstellung 160
Zusammenfassung 168

KAPITEL 5: Mit der Kraft unserer Ahnen nach den Sternen greifen 171

Selbstwerdung in der zweiten Lebenshälfte 174
Du bist der Traum deiner Ahnen 178
Verbindung, Kommunikation und Austausch mit den Ahnen .. 179
Neue Wege – alte Ziele 181
Wohin uns die Evolution als Nächstes führt 184

Nachwort 191

Meine Arbeit 195
Quellenverzeichnis 197
Notizen 199
Register 203

Vorwort

Entwurzelt, einsam und verwirrt stand ich an manchem Abgrund, bin oftmals gestrauchelt, doch immer wieder aufgestanden - einer Kraft folgend, ohne zu wissen, wohin. Die Wege waren steinig und voller Entbehrungen, doch mit jedem Aufstehen wurde der Sog dieser Kraft stärker. Auf meinem Entwicklungsweg habe ich all das zu mir zurückgeholt, was lange Zeit ausgegrenzt und verdrängt worden war.

So habe ich mich meiner Herkunft zugewendet. Mithilfe eines Lehrers gelang es, in den Spiegel der Selbsterkenntnis zu sehen, das ans Licht zu holen, das einst im Schatten gelegen, mächtig die Schwerter gegen mich geschwungen und die Entfaltung meines Potenzials verhindert hatte. Viele Jahre lang widmete ich mich dem Schürfen in die Tiefe, bis ich letztendlich auf die Goldader meiner eigenen Existenz stieß: meine Wurzeln, meine Ahnen. Das Leben hat mich während vieler Jahrzehnte zu seinem Werkzeug geschmiedet. Heute diene ich ihm mit erneuernder und inspirierender Kraft.

Im Alter von eineinhalb Jahren verlor ich den Boden unter den Füßen, obwohl ich noch nicht mal richtig laufen konnte. Mein Vater hatte den Freitod gewählt, meine junge Mutter war damit völlig überfordert gewesen, war nach Norddeutschland geflohen und hatte mich für die ersten Jahre zu einer Cousine gegeben. Später nahm mich meine Großmutter väterlicherseits zu sich. Bei ihr wuchs ich als Halbwaise auf. Mit fünfzehn verließ ich mein »Zuhause«.

Verwaist zu sein ist viel mehr als nur ein Familienstatus. Es ist ein Lebensgefühl, hinterlässt eine tiefe Leere und Sinnlosigkeit. Das Gefühl für den eigenen Wert und die Liebe zu sich selbst wird von dem Gefühl des Verwaistseins lebendig begraben.

So lief ich fast drei Jahrzehnte mit einer offenen Nabelschnur umher und suchte nach Zugehörigkeit, ohne dass ich sie in der Außenwelt hätte finden können. Erst eine als unheilbar diagnostizierte Krankheit brachte mich dazu, mich auf den Weg zu machen - auf den Weg zu mir selbst.

Auf diesem Weg habe ich mehrere Initiationen erfahren. Dabei hat der Himmel ein »Fenster geöffnet«, und ich konnte die mystische Welt erschauen und erfahren. So wandelte sich im Laufe der Jahre meine Sicht auf mich selbst und das, was wir Realität nennen.

An verschiedenen Stellen in diesem Buch berichte ich über diesen Weg, sodass du als Leserin oder Leser ein besseres Verständnis dafür bekommst, warum ich mich heute dazu berufen fühle, das Thema Ahnen, unsere Verbundenheit mit ihnen und auch das Potenzial, das in dieser Verbindung liegt, den Menschen wieder zugänglich zu machen.

Sich auf die Herkunft zu besinnen und auf die Verbindung mit den Ahnen einzulassen bedeutet, sich auf einen Teil des Lebens einlassen, der bislang aus dem Bewusstsein des modernen Menschen verdrängt war.

Diesen Teil gilt es, wieder zu integrieren, um sich selbst und das Leben in seiner Ganzheit als heiliges Geschenk zu erfahren.

Wer sich dafür entscheidet, begibt sich auf einen spirituellen Weg, der weit über das reine Verstehen hinausgeht. Vielmehr geht es darum, die Verbindung zu unseren Ahnen, die vor uns da waren und den Weg für uns bereitet haben, innerlich zu erfahren.

Der ausgeblendete Teil des Lebens, jener Teil, der bislang im Dunkeln lag, ist das Reich der Göttin, das weibliche Reich. Alles, was nicht gemessen, gewogen und gezählt werden konnte, was unsichtbar war, wurde in den letzten Jahrhunderten von der Wissenschaft ignoriert und verleugnet. Teilweise ist es heute noch so. Auch du bist so erzogen und gebildet worden. Entsprechend dieser materialistischen Sicht auf die Welt und unser Menschsein hast du das, was ein Teil von dir ist, gemieden, gescheut und sogar unterdrückt. Zu groß war die Angst, verlacht, ausgegrenzt oder vielleicht sogar bestraft zu werden von jenen, die dieses Reich völlig leugnen und missachten - sei es nun aus Unwissenheit oder aus Angst davor, vom dunklen Reich der Göttin, vom Weiblichen, verschlungen zu werden.

Das weibliche Prinzip erstarkt

Ich habe auf meinem Weg gelernt, dieses Reich in mir anzunehmen, es zu erforschen und mich ihm anzuvertrauen. Es hat Jahre der inneren Klärung gebraucht, bis ich hier meine größten Schätze, meine Potenziale, entdeckt habe. Und weitere Jahre waren erforderlich, bis ich so viel Mut und innere Stärke entwickelt hatte, dass ich mich damit im Außen zu zeigen wagte.

Das lichtvolle Reich ist das Realm des männlichen Gottes, des Männlichen, das mit Macht, Ordnung und Kontrolle in den vergangenen Jahrtausenden die Bühne des Lebens für sich eingenommen hatte. Das dunkle Reich der Göttin wurde während dieser Zeit ausgeblendet, verleugnet, verraten und tabuisiert. Doch seit einigen Jahrzehnten hat die Evolution einen globalen Wandel eingeläutet, bei dem das männliche Prinzip seine Vormachtstellung verliert und Platz macht für das, was bislang verdrängt, verachtet und gemieden wurde. Das weibliche Prinzip erlebt eine Renaissance und füllt die bislang leere Waagschale. Integration und Heilung geschehen und bewirken eine neue Balance, während wir uns hineinentwickeln in die nächste Entwicklungsebene unseres Menschseins – sowohl als Individuum als auch im Kollektiv, in Co-Kreation mit dem größeren Ganzen.

Dieses Buch ist eine Einladung, wieder ganz in Verbindung mit dem Leben zu gelangen, dich in die lebendige Kette der Schöpfung einzureihen als ein lebendiger Teil, als ein Geschöpf, und dich zugleich immer mehr als bewusster Schöpfer, als Schöpferin zu erfahren.

Wir waren so viele Jahre auf den Weg unserer Vorfahren beschränkt. Jetzt haben wir endlich eine Wahl, es anders zu machen. Unendlich viele Pfade tun sich nun vor uns auf. Sie führen in alle Richtungen. Manche in Richtungen, in die wir einst schon unterwegs waren. Manche führen in die Hölle auf Erden, und andere bringen uns in eine Welt, die schöner, wahrer und echter ist, als wir sie bislang kannten. Während ich diese Zeilen schreibe, bin ich hier, staunend und mit dem Gefühl einer neuen großen Chance – genau hier, wo sich die Gemüter und auch die Wege scheiden.

Ich lade dich ein, lass uns gemeinsam herausfinden, wohin jene Wege führen, die uns befreien und zugleich in eine Verbindung bringen mit dem, was größer ist als wir und wir uns in unseren kühnsten Träumen nicht hätten ausmalen können.

Herzliche Grüße,

Bianka Maria Seidl

KAPITEL 1

Alles ist mit allem verbunden

»In der Natur ist alles mit allem verbunden;
alles durchkreuzt sich, alles wechselt mit allem,
alles verändert sich eines in das andere.«

Gotthold Ephraim Lessing

Draußen tobt derzeit der Sturm des Wandels. Einige Menschen bilden riesige Mauern um sich herum, andere wiederum bauen Windmühlen und nutzen diese evolutionäre Kraft. In diesem Buch weht ebenso der Wind des Wandels, und du bist herzlich eingeladen, dich davontragen und mitnehmen zu lassen ins Reich deiner Ahnen. Auch du bist mit deinen Vorfahren über ein unsichtbares »Feld« verbunden, auf das ich an späterer Stelle genauer eingehen werde.

Ich frage dich, was den Unterschied ausmacht, ob jemand *mit* dem Leben oder *gegen* das Leben geht? Ob jemand in der Krise leidet oder sie als Chance nutzt? Hier in Kürze meine Antwort: Das bedingungslose JA oder das verwehrende NEIN zum Leben entstehen bereits weit vor unserer Geburt durch die Einstellungen und Erfahrungen unserer Vorfahren. Wenn du es erlaubst, dann werde ich dich in diesem Kapitel näher an das Geheimnis unserer Verbundenheit heranführen. Du wirst während des Lesens daran erinnert, dass du mehr bist als das, was du bislang von dir angenommen und erfahren hast. Und du wirst erkennen, dass du mit allem verbunden bist, auch mit deinen Ahnen.

Eine Sache des Bewusstseins

Kehren wir zurück zu der Frage: Was macht den Unterschied? Warum gelingt es manchen Menschen, aus jeder Situation das Beste zu machen, und andere wiederum schlagen sich nur mit Widrigkeiten und Problemen herum, ohne je eine Verbesserung ihrer Lebenssituation herbeizuführen?

Nun, es ist eine Sache des Bewusstseins. Wir sprechen im Volksmund von einem Kleingeist, wenn jemand nur Probleme und keine Chancen sieht. Diesen »kleinen Geist« möchte ich ein *verengtes Bewusstsein* nennen. Stelle dir vor, du schaust mit einem Strohhalm in die Welt. Du wirst nur einen sehr kleinen Ausschnitt von ihr sehen. Wenn du hingegen durch ein großes Teleskop blickst, dann wirst du einen weitaus größeren Teil der Welt erkennen.

Innerhalb eines begrenzten Ausschnitts lassen sich weniger Chancen finden. So nehmen Menschen mit einem verengten Bewusstsein eben nur kleine Ausschnitte wahr. In dieser verengten Wahrnehmung kreisen die Gedanken meist um die gleichen Themen, und der kleine Geist verwickelt sich, spinnt sich ein in Zweifel und Grübeleien. Dazu stellen sich auch entsprechende Gefühle und sogar Körperempfindungen ein. Angst ist zum Beispiel immer mit einem Gefühl der Enge verbunden, und da gesellen sich leicht Zweifel, Zwietracht und sonstige niedere menschliche Regungen dazu. Wahrscheinlich kennst du das auch.

Ein erweitertes Bewusstsein hingegen geht einher mit Weite. Zugleich wird es begleitet von einem Gefühl der Entspannung, einer größeren inneren Freiheit und Leichtigkeit. In solch einem Bewusstseinszustand können natürlich auch mehr Chancen wahrgenommen werden, was jedoch nicht bedeutet, dass es keine Ängste und Zweifel mehr gibt. Sie spielen jedoch keine dominante Rolle mehr. Sie werden wahrgenommen, ohne genährt und verstärkt zu werden.

Zeitenwende im Wechselspiel der Kräfte

Wichtig zu wissen ist, dass sich das menschliche Bewusstsein in den vergangenen Jahrhunderten immer mehr verengt hat. Dies war Teil der evolutionären Entwicklung des Lebens. Somit ist dieser kleine Geist uns allen zu eigen. Jetzt befinden wir uns allerdings mitten in einer Zeitenwende, und wir erleben einen großen evolutionären Sturm, der die alte Ordnung der herrschenden Systeme weltweit mit aller Macht aus den Angeln hebt und zugleich ein neues Zeitalter einläutet, das mit einem Kräftewechsel einhergeht.

Die männliche Schöpferkraft, die sich auf der Erde durch die Männer in den letzten Jahrtausenden stark verwirklicht hat, verliert ihre dominante Vormachtstellung. Die vorherrschenden patriarchalen Systeme müssen abdanken. Die weibliche Schöpferkraft hingegen drängt mit ihren Qualitäten und Werten sanft ans Licht. Dieser Wechsel bringt die alten Systeme und Ordnungen ins Wanken. Was überlebt ist, muss gehen. Was dem Leben nicht mehr dient, muss sich verabschieden. Alles Rigide, Unlebendige und Überlebte wird mitgerissen von den tosenden Wogen, die der evolutionäre Sturm aufpeitscht.

Alles, was bislang verdrängt wurde und im Unsichtbaren schaltete und waltete, gelangt ans Licht. Die alten Kräfte versuchen, sich nochmals zu behaupten, ähnlich dem Winter, der sich aufbäumt und den Frühling zurückzudrängen versucht, dabei aber seine letzten Kräfte verbraucht.

Ein Weltenfrühling ist im Aufkeimen. Kraftvoll nimmt er alles Leben mit auf die nächste Entwicklungsebene. Die weiblichen Qualitäten und Werte werden in Zukunft vermehrt Einfluss auf das Weltgeschehen nehmen und so, auf lange Sicht gesehen, eine neue Balance für unser Menschsein erwirken.

Leben im Gleichgewicht

Das evolutionäre Spiel der Kräfte, die Wechselwirkung zwischen den weiblichen und männlichen Schöpferkräften treiben den Wandel voran. Im chinesischen Yin-Yang-Symbol ist dies gut zu erkennen. So enthält jede Kraft auch eine kleine Einheit der ergänzenden Gegenkraft. Wird ein Pol zu stark, kippt das Gleichgewicht. Der übermäßig starke Pol verliert an Energie und Wirkung, und der ehemals schwache Pol gewinnt an Einfluss. Diesen Kreislauf erfahren wir im Großen wie im Kleinen – im Wechsel von Tag und Nacht sowie auch beim Ein- und Ausatmen. Besonders in den Übergangsphasen, wenn das Gleichgewicht kippt, kommt es zu chaotischen Zuständen. Im Kleinen fällt es uns nicht besonders auf, doch wenn es um die größeren Kreisläufe und Zeiträume geht, dann wird es deutlich spürbar.

Dann wenn die alte Ordnung zerbricht, die neue noch nicht greifbar ist und wir uns inmitten eines Chaos befinden, nennen wir das eine Krise.

In diesen Zeiten herrscht zumeist große Unsicherheit. Vor allem gänzlich Entwurzelte und Menschen mit schwachen Wurzeln sind am stärksten davon betroffen. Sie sind anfällig für allerlei Parasiten wie Angst, Zweifel und Manipulation von außen, denn ihnen fehlt der innere Halt, die innere Sicherheit. Daher kommt der Verbindung mit unseren Wurzeln, mit unseren Ahnen, eine so große, bedeutende Rolle zu.

Wie unten, so oben – wie innen, so außen

Lass uns einen kleinen Ausflug machen und aus einer größeren Distanz auf das derzeitige Weltgeschehen schauen. Bist du dabei?

Stelle dir jetzt vor, wir verlassen die Erde mit einem Raumschiff und entfernen uns so weit, dass wir unsere Galaxie von oben betrachten können. Aus dieser übergeordneten Sicht eröffnet sich der Blick auf die größeren Bewegungen, die unsere Erde macht, und damit auch auf größere Zeiträume und Zeitzyklen, die wir während eines Menschenlebens von der Erde aus nicht wahrnehmen können.

So, wie es auf unserer Erde den Kreislauf der Jahreszeiten gibt, so gibt es diesen Zyklus auch im Kosmischen. Denn das ganze Leben folgt bestimmten Gesetzmäßigkeiten. »Wie unten, so oben, wie innen, so außen, wie der Geist, so der Körper«, so lautet das

Gesetz der Analogie, das Gesetz der Entsprechung. Das hast du sicherlich schon einmal gehört. Dabei spiegeln sich die Verhältnisse im Kleinen auch im Großen, und umgekehrt wirken sich Veränderungen im Großen auch auf das Kleine aus. Das Gleiche gilt auch für die Verhältnisse in der Innenwelt des Menschen. Sie spiegeln sich in den äußeren Erscheinungen und Ereignissen. Zurück zu dem großen Zeitzyklus. Astronomen ist dieser unter dem Begriff der *Präzession der Tagundnachtgleichen* bekannt.

Dieser große Zyklus dauert 25 920 Jahre und wird auch Platonisches oder Großes Jahr genannt. Den alten indischen Sanskrit-Schriften zufolge fällt die Menschheit in den Schlaf, besser gesagt in die Unbewusstheit, wenn sich die Erde während dieser großen elliptischen Bewegung vom Zentrum der Galaxis wegbewegt. Sie erwacht, wenn sich der Planet wieder dem Zentrum nähert. Das ist bereits viele Male mit der Menschheit geschehen. Es ist ein offenes Muster, denn wir bewegen uns ja durch das grenzenlose All. Nach jedem Versinken schlafen wir ein bisschen weniger, und die Zeiten des Wachseins dauern länger. Ähnlich wie ein Mensch im Alter weniger Schlaf braucht – im Gegensatz zum Säugling.

Aufgrund dieses Zyklus gibt es auch die sogenannten *kosmischen Jahreszeiten*. Soeben geht ein Weltenwinter zu Ende, und ein Weltenfrühling steht vor der Tür.

Die große Präzessionsbewegung unterteilt sich in zwölf kleine Zeiträume von 2160 Jahren, die jeweils in Verbindung mit einem der zwölf astrologischen Sternbilder stehen. Aus dieser Sicht haben wir gerade das Fischezeitalter verlassen und sind in das Wassermannzeitalter eingetreten.

Die Tibeter und die Hindus nannten diese Zeitalter Yugas. Jedes Yuga hat eine Phase des Aufstiegs, eine Blütezeit und eine Phase des Abstiegs. An zwei bestimmten Zeitpunkten, dann, wenn sich die Erde wieder vom Mittelpunkt der Galaxie weg oder auf ihn zubewegt, gibt es umwälzende Veränderungen auf unserem Planeten.

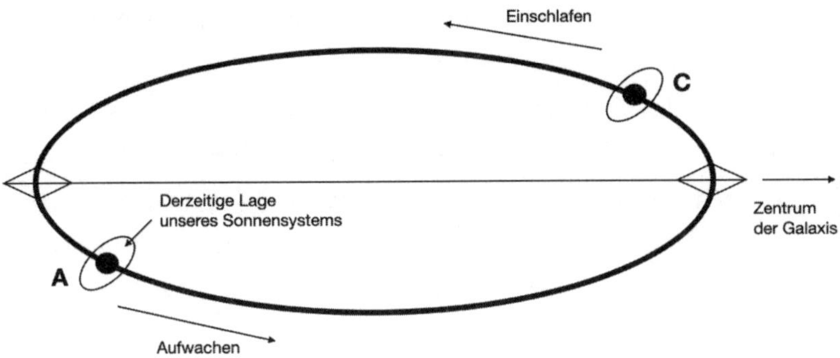

Der vollständige Umlauf beträgt 25 920 Jahre. An den Punkten A und C finden umwälzende Veränderungen statt. Noch detaillierter beschreibt Drunvalo Melchizedek die vier Yugas der Hindus – Aufstieg und Niedergang – in seinem Buch »Die Blume des Lebens«, Band 1.

Derzeit sind wir mittendrin in diesen mächtigen Umwälzungen. Der Weltenfrühling ist noch nicht ganz da. Es ist erst Schneeglöckchenzeit, doch der Bewusstseinswandel ist in vollem Gang. Die Menschen werden wieder wach, und täglich werden es mehr dieser Erwachenden. In meinem Erstlingswerk »Die Zeit ist reif für Dich!« habe ich vor einigen Jahren darüber bereits ausführlich geschrieben.

Lass uns jetzt wieder auf die Erde zurückkehren und die Frage klären, wie es dazu kommen konnte, dass sich unser Geist so stark verengt und unsere Seele ins Hintertreffen geraten ist. Das wird dir helfen zu verstehen, warum es möglich ist, bewusst die Verbindung mit unseren Ahnen wieder aufzunehmen.

Das verengte Bewusstsein

Überall auf der Welt begegnet uns die Vorstellung, dass der Geist etwas ist, das über unser Gehirn weit hinausgeht. Der Geist dehnt sich über Zeit und Raum hinweg aus. Bei den alten Griechen war die Seele nicht im Körper, vielmehr war der Körper in der Seele. In ihrem Weltbild war alles beseelt. Alles hatte eine Seele – Tiere, Pflanzen und so weiter. Auch das ganze Mittelalter hindurch gab es den Glauben an die Belebtheit allen Seins. Dieses erweiterte Bewusstsein haben wir Europäer von unseren Vorfahren geerbt.

In den östlichen Kulturen, wo die Menschen an Wiedergeburt glauben, ist der Geist der Menschen auch mit den früheren Leben verbunden. Auch in anderen alten Kulturen, allen voran in allen alten schamanischen Traditionen, gab es neben der Seele auch den Geist. Dieser war Teil des Atems, der in Verbindung stand mit dem Atem Gottes. Der Geist verband die Menschen mit dem Reich der Ahnen und auch dem Reich der Engel. Der große Wandel kam während des Weltenwinters im Jahre 1619. Damals betrachtete René Descartes (1596–1650), ein französischer Philosoph, Mathematiker und Naturwissenschaftler, die Welt als ein großes mechanisches System. Er sah die Welt als Maschine. Auch Tiere, Pflanzen, der menschliche Körper und auch das Universum sind Descartes zufolge Maschinen. Nichts in der Natur, außer dem Gehirn des Menschen, habe eine Seele. Alles sei unbeseelt. Damit war die mechanistische Vorstellung der Welt geboren, das mechanistische Weltbild, das seither unsere Welt und unsere Kultur in allen Bereichen beherrscht.

Die Lehre Descartes schuf eine scharfe Trennung zwischen Geist und Materie. Der Geist war nicht in Zeit und Raum anzusiedeln. Und der einzige Ort, wo es zur Interaktion zwischen Geist und Materie kam, sollte eine kleine Region in unserem Gehirn sein. Und das wurde die Basis der mechanistischen Biologie und der mechanistischen Medizin. Diese Sicht hat sich bis heute nicht geändert. Es hat lediglich eine kleine Verlagerung in den Gehirnregionen stattgefunden. Und so kommt es, dass die meisten Wissenschaftler heutzutage immer noch Materialisten sind, die denken, dass der Geist lediglich eine Funktion des Gehirns sei.

Auf diese Weise ist das Bewusstsein geschrumpft. Das, was einstmals Verbindung herstellte zur ganzen Natur, zu unseren Ahnen, zu Gott und zu den Engeln und Geistern, wurde begrenzt auf diesen kleinen Bereich im Gehirn. Und wenn heute jemand von Gott, den Engeln und den Ahnen spricht, dann sind das lediglich Geschichten, die sich in einem kleinen Areal in unserem Gehirn abspielen. Zumindest gemäß der vorherrschenden Wissenschaft.

Mit dieser verengten Sichtweise des menschlichen Bewusstseins wachsen Menschen heute auf. Das ist die kulturelle Prägung, die du, genauso wie ich auch, erfahren hast. Der aufkeimende Rationalismus gegen Ende des 18. Jahrhunderts verstärkte die verengte Sichtweise noch mehr. Er bewirkte ein großes Misstrauen gegen nicht nachweisbare Dinge. Wer an sie weiterhin glaubte, galt eher als ungebildet – und darum haben sich so viele, vor allem Frauen, nicht mehr zu Wort gemeldet mit ihren Ahnungen, ihrer Intuition und dem, wofür sie feine Antennen hatten. Alles, was mit Religion, Gebet, Engeln und auch den Ahnen zu tun hatte, wurde verworfen.

Erst seit einigen Jahren ist das Bewusstsein ein Thema, mit dem sich die Wissenschaft zu beschäftigen beginnt. Und die neuesten Erkenntnisse aus einem modernen Bereich der Biologie, der Epigenetik, machen deutlich, dass diese Ergebnisse das bestätigen, wovon Mystiker, Schamanen und Weise aller Kulturen bereits seit Jahrtausenden berichten.

Wie ich die Erfahrung des »Panta rhei« machte

An dieser Stelle will ich dir erzählen, wie ich meine erste Erfahrung - ich nenne sie »out of the box« - machte, als sich mein verengtes Bewusstsein erweiterte. Nein, es waren keine Drogen im Spiel, wie du vielleicht denken magst.

Wenn ich auf mein bisheriges Leben zurückblicke - und mittlerweile bin ich in einem Alter, in dem das durchaus gut gelingt -, kann ich sagen, dass mich das Leben zu seinem Werkzeug geschmiedet hat, das ihm heute auf seine einzigartige Weise dient. Die Erweiterung meines Bewusstseins geschah auf ganz natürliche Weise, und dennoch waren es keine natürlichen Umstände. Denn ich befand mich seit mehreren Tagen mitten auf dem Atlantik auf einem kleinen Segelboot. Gestartet von den Kanarischen Inseln war ich mit drei weiteren Menschen unterwegs nach Amerika. Nachts galt es, Wache zu halten, und so wechselten wir uns alle drei Stunden ab. Für 26 Tage und Nächte gab es nur das Meer, den Horizont, die Sterne, die Sonne und keinen festen Boden unter den Füßen. Keinerlei Ablenkung, kein Fernsehen, keine Nachrichten, keine Zeitung. Stattdessen viel Zeit, um über sich selbst und das Leben nachzudenken, zu philosophieren und zu träumen.

Eines Nachts, ich schlief in der Kajüte, erwachte ich und sah meinen Körper unter mir liegen. Ich erschrak, dachte ich doch, dass ich gestorben sei und es nicht bemerkt hätte. Dann begann ich zu erkennen, dass alles um mich herum anders aussah als sonst. Alles bestand aus farbigen Partikeln, die sich bewegten. Ja, es sah aus, als tanzten sie. Nichts war wirklich fest. Alles war ein Tanz aus farbigen Energiepartikeln. So konnte ich durch die Schiffswände sehen und den Skipper beobachten, der draußen Nachtwache hielt. Ich begann zu realisieren, dass ich ein erweitertes Bewusstsein hatte, das die feinstoffliche Welt hinter der materiellen Realität wahrnahm.

Ich sah, wie der junge Mann aufstand – und zugleich wusste ich, dass er jetzt kommen würde, um mich zu wecken. Ich war an der Reihe für die Nachtwache. Für einen kurzen Moment tauchte die Frage auf: Wie komme ich zurück? Doch im gleichen Moment geschah es, und ich erfuhr etwas, das du sicherlich auch schon erlebt hast: Als Bewusstsein glitt ich in meinen Körper. Der zuckte plötzlich, und ich hatte das Gefühl, gefallen zu sein. Ja, ich war wieder in meinen Körper »gefallen«. Dieses Gefallen-Sein hatte ich bereits früher viele Male während der Einschlafphase erlebt. Wenn der Körper noch nicht völlig entspannt ist, das Bewusstsein sich jedoch schon gelöst hat, dann holt der Körper das Bewusstsein wieder zurück.

Der Startpunkt für eine veränderte Sicht

Seit dieser außerkörperlichen Erfahrung hat sich mein Blick auf die Welt völlig verändert. Damals war ich vierundzwanzig Jahre alt, und es war der Anfang eines langen Entwicklungsprozesses.

Durch meine erste Erfahrung mit einem erweiterten Bewusstsein konnte ich die feinstoffliche Welt, die Welt der Energie, wahrnehmen. In den USA, wo ich anschließend für ein ganzes Jahr unterwegs war, ist mir die Lehre des Feng Shui begegnet. Das Chi, diese feinstoffliche Energie, die ich erfahren hatte, bildet die Grundlage dieser Kunst und Wissenschaft. Wie du dir vorstellen kannst, musste ich nicht erst überzeugt werden, vielmehr zog mich diese Lehre von Anfang an in den Bann. So habe ich nach meiner Rückkehr verschiedenste Ausbildungen in diesem Bereich gemacht. In den letzten fünfundzwanzig Jahren wirkte ich mit diesem Wissen und meiner Erfahrung in diesem Bereich hauptberuflich als Chitektin. Bei dieser Wortschöpfung habe ich das A und das R im Wort Architektur einfach weggelassen, und dabei ist das zum Vorschein gekommen, was den Kern meiner Arbeit ausmacht: das Chi und der förderliche Umgang damit, sodass Menschen sich an den Orten, wo sie leben, richtig wohlfühlen.

In zeitlichen Abständen von meistens sieben Jahren habe ich solche besonderen Momente, ich nenne sie Initiationen, erfahren. Wenn ich heute davon erzähle, sage ich, dass der Himmel seine Fenster aufgemacht hat und mich hinter die Welt der Dinge hat schauen lassen.

Vor knapp zehn Jahren war es dann das Fenster ins Reich der Ahnen. Dabei erweiterte sich mein Bewusstsein über die feinstoffliche Welt hinaus in das Reich der Seele. Wie es dazu kam, erfährst du im nächsten Kapitel.

Das Leben besteht aus Wechselbeziehungen

Alles in der Schöpfung, alle Geschöpfe in den verschiedenen Naturreichen stehen miteinander in Verbindung. Ob wir uns dessen bewusst sind oder nicht. Die Wesen in den höheren Reichen und auch die Wesen in den unteren Reichen sind mit uns verbunden. So gibt es eine natürliche Hierarchie. Dank unserer Verbindung mit den höheren Reichen, den aufgestiegenen Meistern und den Engeln - den Hierarchien des Lichts -, haben wir die Möglichkeit, uns auf unsere höheren Ebenen des Seins hineinzuentwickeln. Doch wir sind auch mit den Wesen der niedrigeren Reiche, wie den Tieren, den Pflanzen und den Mineralien, verbunden - und diese Verbindung ist sehr stark. Je mehr wir mit uns im Reinen sind, desto klarer empfangen wir die segensreichen Kräfte, die sich durch die lebendige Kette von vielen Wesen in uns ergießen. Und dieser Kraftstrom fließt durch uns abwärts zu den Geschöpfen unter uns. Gleichzeitig fließt auch ein Strom von unten aus dem Mineralreich nach oben zu den höheren Naturreichen.

Diesen Kreislauf können wir sehr gut an den Bäumen erkennen. Von oben holt der Baum die Energie und transportiert dabei den durch die Fotosynthese zubereiteten Saft, der den Baum nährt. Über die Wurzeln nimmt der Baum den rohen Saft auf und transportiert ihn bis in die Blätter, wo er mittels des Lichts umgewandelt und verfeinert wird. Genauso verhält es sich bei uns Menschen.

Wir leben zwischen zwei Polen. Solange wir uns in die lebendige Kette von Geschöpfen einreihen, werden wir von beiden Kraftströmen genährt, von der weiblichen Kraft der Erde und der männlichen Kraft des Himmels.

Wenden wir uns von unserer Verbindung ab, schwächen wir uns, da wir nicht mehr aus diesen Energien schöpfen können. Gerade in den letzten beiden Jahrhunderten, wie vorher bereits beschrieben, hat sich der Mensch der Moderne weitestgehend aus dieser Kette gelöst. Im Wahn, dass er losgelöst von der Natur existieren kann, ist er einem großen Irrtum aufgesessen. In diesem fehlgeleiteten Sein läuft er falschen Göttern hinterher, wie zum Beispiel der Technik, und schreitet mit diesem begrenzten Bewusstsein immer weiter von sich selbst und der Schöpfung fort.

Aus allen Ebenen schöpfen

Menschen, die Großes geschaffen haben, schöpften ihre Inspiration und Kraft immer aus den höheren und auch niederen Ebenen, aus ihrer Verbindung mit der Kette des Lebendigen. Wir sprechen hierbei gern von Genies. Doch letztendlich sind es Menschen, die aus dem Vollen schöpfen, indem sie ihren Geist und ihre Wahrnehmungsantennen weit ausgestreckt und ihr Bewusstsein erweitert haben.

Als ich kürzlich einen Vortrag vorbereitete, bat ich innerlich um ein Bild, eine Metapher, um das, was ich vermitteln wollte, leichter zu veranschaulichen. Ich wollte den Zuschauern nahebringen, dass wir uns in Not zumeist mit unseren Bitten und Gebeten gen Himmel wenden und von dort das Gute häufig von einem männlichen Gott erhoffen. Und dass wir uns von dem, was unter uns liegt, abgewandt haben, weil wir unbewusst Angst davor haben. Mir wurde das Bild eines Glaszylinders eingegeben. Zuerst wusste ich nicht viel damit anzufangen. Doch nach einer Weile verstand ich. Ja, wir stehen isoliert von der Natur in diesem nach oben offenen Zylinder. Wir können die Natur sehen, jedoch nicht mehr fühlen und somit auch die Kräfte nicht ausreichend aufnehmen. Zugleich ist unser Lebensradius innerhalb dieser gläsernen Grenzen klein. Dabei könnte er in Wahrheit so viel größer, wenn nicht gar unendlich sein. Nach oben hin ist der Zylinder offen – und so streben wir immer nur dem Licht entgegen, erhoffen von dort die Erlösung. Dem Unten wollen wir uns nicht zuwenden. Hier liegt das Reich der Toten, doch gerade den Tod haben wir aus dem modernen Leben verdrängt. Was die meisten nicht wissen: Hier finden wir auch den Zugang zum Reich der Ahnen, die uns mit Kraft und Weisheit versorgen, wenn wir uns wieder bewusst in diese Verbindung begeben und uns ihnen zuwenden.

Morphogenetische Felder und ihr Gedächtnis

Ein Wissenschaftler, der sich in den letzten zwei Jahrzehnten der Wiedererlangung eines erweiterten Bewusstseins gewidmet hat, ist der englische Biologe Rupert Sheldrake. Er hat die Theorie der *morphogenetischen Felder* entwickelt und bringt seither frischen Wind in die materialistische Wissenschaft der Biologie. Gemäß Sheldrake ordnen morphogenetische Felder Systeme auf allen Stufen der Komplexität wie zum Beispiel Atome, Moleküle, Kristalle, Zellen, Gewebe, Organe, Organismen, soziale Gemeinschaften, Ökosysteme, Planetensysteme, Sonnensysteme und Galaxien. Sie sind die Grundlage für die Ganzheit, die wir in der Natur beobachten, die mehr ist als die Summe ihrer Teile.

Familienaufstellungen nach Bert Hellinger (1925–2019), die mittlerweile in der Gesellschaft etabliert und anerkannt sind, arbeiten erfolgreich mit dem morphogenetischen Feld der Familie, um Konflikte mit familiärem Hintergrund zu klären. Dabei wird davon ausgegangen, dass über mehrere Generationen hinweg das Geschehen innerhalb einer Sippe ein solches Feld geprägt hat und dass wir in diese Felder hineingeboren werden. Beeinflusst davon entwickeln wir Verhaltensweisen, die nicht mehr ganz eigenständig sind. Vielmehr antworten wir unbewusst auf den Druck und die Informationen des Feldes unserer Vorfahren.

An dieser Stelle möchte ich noch erwähnen, dass viele Naturvölker durch ihre Ahnenkulte diesem Feld bewusste Anerkennung gezollt haben und es immer noch tun. Durch ihre Gaben, Gebete und Riten ist das sie umgebende morphogenetische Feld lebendig und in Entwicklung geblieben, im Gegensatz zu unserer Kultur. Doch letztendlich ist es nie zu spät. Gerade jetzt, durch die Erschütterungen der alten Systeme, Einstellungen und Ansichten, entstehen Risse im alten System, durch die der Geist langsam wieder nach außen strahlt in eine langsam erwachende Welt.

Die Quantenphysik

Auch bei einem Blick in die Welt der Quantenphysik wird deutlich, dass jene, die tief genug forschten, zur Erkenntnis gelangten, dass alles mit allem durch ein Feld oder Gewebe verbunden ist. Der Physiker und Nobelpreisträger Werner Heisenberg (1901-1976) sah die Welt im Quanten-Universum »als ein kompliziertes Gewebe von Vorgängen, in denen Verbindungen verschiedener Art sich abwechseln oder sich überschneiden bzw. kombinieren und so das Gewebe des Ganzen bestimmen«. Diese Feststellung kommt auch nahe an das heran, was der italienische Priester, Dichter, Philosoph und Astronom Giordano Bruno (1548-1600) einst beschrieb, demzufolge die gesamte Schöpfung - Mensch, Tier, Pflanze, Stein - aus winzigen Geistfunken bestünde, die sich zu immer höheren Lebenseinheiten zusammenfänden, so auch im Körper des Menschen. Einfacher ausgedrückt heißt das, dass es in jedem Geschöpf einen Funken Licht und damit auch Bewusstsein gibt und dass sich dieser Funke zu immer größeren, komplexeren Wesen zusammenschließt.

Die moderne Wissenschaft hat sich der alten »heidnischen« Vorstellung, dass alles miteinander in Verbindung steht, inzwischen noch weiter genähert, was du im nächsten Kapitel erfahren wirst, wenn wir uns die Verbindung mit unseren Ahnen im Licht der Wissenschaft ansehen.

Der Astrophysiker Tom Chi

Zuletzt möchte ich noch von zwei Beispielen erzählen, die Tom Chi, ein junger taiwanesischer Astrophysiker, in seinem Vortrag im April 2016 im Rahmen eines TedTalks gebracht hat, während er davon sprach, dass alles mit allem verbunden sei. Im ersten Beispiel brachte er dafür das Herz ins Spiel. Dabei führte er aus, dass unser Herz Tag und Nacht schlägt. Der Grund dafür findet sich auf der chemischen Ebene, weil das Hämoglobin durch das Blut geschleust wird. In diesem Hämoglobin gibt es ein kleineres Molekül, Häm genannt, und der Kern dieses Moleküls ist ein Eisenatom. Kurz gesagt: Das Herz unseres Herzens ist ein winziges Eisenatom. Und das ermöglicht es, dass Sauerstoff durch unser Blut geleitet wird.

Was du vielleicht nicht weißt: Eisen entsteht im Universum auf eine einzigartige Weise, nämlich durch den Gravitationstanz von 100 000 Galaxien, der die Kollision der Galaxien antreibt. Durch diesen Prozess entstehen immerwährend neue Sterne und somit auch das Eisen, das mit jedem Herzschlag durch unsere Adern und Venen fließt. Und auf diese Weise ist jeder unserer Herzschläge verbunden mit dem, was weitaus größer ist.

Im zweiten Beispiel bezieht sich Tom Chi auf den Atem. Er sprach davon, dass ein tiefer Atemzug die einfachste Art und Weise ist, mit unserem Körper in Verbindung zu gelangen. Doch das Atmen war nicht immer möglich auf der Erde, da es lange keinen Sauerstoff gab – stattdessen eine große Menge Kohlendioxid. So war die Erde zu der Zeit nicht bewohnbar, außer für Einzeller-Organismen. Zum Glück gab es auch ein Bakterium namens *Cyanobacteria,* das die Fähigkeit zur Fotosynthese hatte, also die Kraft, Energie von der Sonne zu empfangen und Kohlendioxid in Sauerstoff zu verwandeln. Im Verlauf von mehreren Millionen

Jahren haben sich diese winzigen Lebewesen über unseren ganzen Planeten verteilt und das Kohlendioxid in Leben spendenden Sauerstoff verwandelt. So entstand die Ozonschicht, und damit konnten sich komplexeres Leben und die Artenvielfalt auf der Erde entwickeln.

Nichts von dem, was uns heute vertraut ist, könnte existieren ohne den Beitrag dieser winzigen Organismen über viele Millionen Jahre hinweg. Du fragst dich vielleicht, wo sie jetzt sind? Nun, sie haben uns letztendlich nie verlassen. Sie haben sich gewandelt und heißen heute Chloroplasten. Sie befinden sich in den Blättern und helfen Pflanzen, die Energie aus der Sonne zu gewinnen. Wir wissen, dass Bäume und Pflanzen die Lunge der Erde darstellen und wir ohne sie nicht atmen könnten. Du siehst, dass unser Atem sehr tief mit den Prozessen in der Natur verbunden ist. Jedes menschliche Ausatmen ist zugleich ein Einatmen der Pflanzen.

Tom Chi lädt zu einem kleinen Gedankenexperiment ein: Stell dir vor, du bist solch ein kleiner Organismus (z. B. ein Chloroplast) und lebst vor zwei Millionen Jahren. Du wirst geboren, lebst ein paar Wochen und stirbst wieder. Du könntest fühlen, dass sich irgendwie durch dein Leben und Sein nichts verändert, dass dein Leben keinen Sinn ergeben hat. Du würdest wahrscheinlich denken, dass die Welt, in die du kamst, die gleiche ist wie diejenige, die du verlassen hast. Dabei hättest du nicht verstanden, dass jeder Atemzug, den du genommen hast, zu unzähligen möglichen Leben nach dir beigetragen hat. Leben, das du nie gesehen hast. Leben, an dem wir heute alle teilhaben.

Und in diesem Zusammenhang möchte ich dich einladen, darüber nachzudenken, dass die Bedeutung und der Sinn unseres Lebens weit über unser Verständnis hinausgehen. Wenn es für diese Organismen zutrifft, trifft das auch für uns zu.

Wie ich als Kind meine Naturverbundenheit erlebte

Ich verbrachte nachmittags mit meiner Großmutter, bei der ich aufwuchs, viele Stunden im Wald. Sie war Forstarbeiterin, sprach mit den Pflanzen und hatte den berühmten »grünen Daumen«, den sie mir vererbte. Die Natur war für mich magisch und voller Wesen. Ich sprach mit dem Wasser im Bach, mit Pflanzen und Tieren und sogar mit den Steinen, und sie kommunizierten mit mir. Vielleicht hast du das auch gemacht? Erinnerst du dich? Jeder Augenblick war erfüllt mit so viel Leben, und jeder Moment war immer wieder neu und lebendig. Dann kam die Schulzeit. Anfangs wollte ich meine Freude über meine Kommunikation mit der Natur auch hier teilen. Doch ich bemerkte, dass die Lehrer es nicht verstanden und lediglich meiner kindlichen Fantasie zuschrieben. Auch von manchen Mitschülern erntete ich ein Kopfschütteln, und so hörte ich damit auf. Langsam verschlossen sich meine Wahrnehmungskanäle, und es sollte viele Jahre dauern, bis sie sich wieder öffneten.

Heute erforschen Förster und moderne Wissenschaftler immer mehr das Geheimnis des Waldes. So weiß man mittlerweile, dass Bäume miteinander kommunizieren, dass sie sich gegenseitig vor Gefahren warnen und dies auf wundervolle Art und Weise hervorragend organisiert ist. In seinem Buch »Das geheime Leben der Bäume« schreibt der Förster Peter Wohlleben eine Art Liebeserklärung an den Wald und bringt damit Licht ins Dickicht. »Im Wald geschehen die erstaunlichsten Dinge: Bäume kommunizieren miteinander. Sie umsorgen nicht nur liebevoll ihren Nachwuchs, sondern pflegen auch alte und kranke Nachbarn. Bäume haben Empfindungen, Gefühle, ein Gedächtnis. Unglaublich? Aber wahr!«

In dem faszinierenden Dokumentarfilm »Das Geheimnis der Bäume« begleitet der Botaniker Francis Hallé die Zuschauer auf eine magische Reise zum Ursprung des Lebens. Vom ersten Wachsen des Urwaldes bis hin zur Entwicklung der einzigartigen Verbindung zwischen Pflanzen und Tieren werden die Zuschauer Zeuge eines der größten Naturwunder. Und wer glaubt, Bäume seien reglos, wortlos und harmlos, wird in diesem beeindruckenden Film überrascht. Für den Fall, dass du diesen Film siehst, wirst du danach Bäume mit anderen Augen betrachten – und bestimmt erinnerst du dich an deine Kindheit und daran, dass vielleicht auch du damals die Natur ganz anders wahrgenommen hast.

Getrennt vom Ursprung

In den vergangenen Jahrhunderten befand sich die Menschheit im Tiefschlaf. Das Bewusstsein war so stark verengt, dass wir die Verbindung zur Natur, zu den Ahnen und zu anderen essenziellen Teilen des Lebens verloren haben. Aus diesem verengten Geist heraus haben wir uns als von der Schöpfung getrennt wahrgenommen und uns gottverlassen und mutterseelenallein gefühlt. Der Geist war ganz in die Materie gesunken, und seine wahre Natur geriet in Vergessenheit. Die Suche nach dem, was größer ist als wir, war in diesem Zustand erschwert bis unmöglich. Viele haben so ihr Heil und ihre Erlösung in Suchtmitteln verschiedenster Art gesucht.

In alten Zeiten galt jedes Krankheitsbild als Sucht. Das mittelhochdeutsche Wort »suht«, das bereits wie »Sucht« ausgesprochen wurde, stand noch für Krankheit schlechthin. Auch in unserer heutigen Medizin finden wir noch Spuren davon, nennen wir doch die Leberentzündung bis heute noch Gelbsucht. Und es ist nicht lange her, da hieß die Tuberkulose noch Schwindsucht und die Epilepsie Fallsucht. Doch inzwischen ist der Begriff Sucht eingegrenzt auf einen kleinen Teilbereich der Medizin. Für viele bedeutet Sucht heute nur noch Drogensucht - und diese wiederum ist auf die Heroinsucht reduziert. Die eigene Nikotin-, Alkohol- oder Arbeitssucht wird schon gar nicht mehr dazugerechnet, wie auch Dr. Ruediger Dahlke in seinem Vortrag »So macht Selbstliebe glücklich & gesund« es so treffend benennt.

In der modernen Konsumgesellschaft ist es auf breiter Ebene aus der Mode gekommen, nach dem Sinn des Lebens und nach dem eigenen Lebensweg zu suchen. Erfüllung wird stattdessen bei vielen Ersatzprogrammen gesucht, wenngleich die Wirkung nie von Dauer ist. Dafür wird Raubbau mit dem Körper getrieben, die Gesundheit gefährdet, und viele verfangen sich in Abhängigkeiten. Die innere Weiterentwicklung stagniert.

Es mag sein, dass der Rausch so alt ist wie die Menschheit, schließlich steht dahinter der Versuch, dem Paradies, dem Göttlichen, wieder nahezukommen. Wir sehnen uns zutiefst nach Ekstase, nach Glückseligkeit, weil irgendein Teil in uns spürt und erahnt, dass es diese Zustände gibt. Wir wissen jedoch nicht, wie wir diese Zustände nachhaltig und aus uns selbst heraus herstellen können. Daher begnügen wir uns oftmals mit dürftigen Ersatzprogrammen.

Aus einem verengten Bewusstsein heraus, mit einem begrenzten Geist und einer Seele, die, vergessen und verleugnet, ihre Flügel eingezogen hat, ist es einfach unmöglich, in diese wonnigen Zustände zu gelangen, obwohl sie in uns liegen und wie Brachland darauf warten, dass wir sie entdecken und in Besitz nehmen. In uns finden sich die neuen Küsten, die es zu erobern gilt. In unserer Innenwelt finden wir Zugang zu einer grenzenlosen Freiheit, zu unserer Verbindung mit dem Reich der Ahnen, dem Reich der Engel und dem Allganzen.

Zusammenfassung

Am Ende dieses Kapitels lade ich dich ein, dir selbst nachfolgende drei Fragen zu stellen. Lass dir Zeit mit den Antworten. Nimm jede Frage tief in dich auf, lass sie wirken. Beobachte und fühle, was dabei in dir »hochsteigt«. Welche Ideen, Bilder, Gedanken und Gefühle zeigen sich? Vielleicht nimmst du dir auch ein Notizbuch und hältst deine Erkenntnisse schriftlich fest, ohne sie zu bewerten. Wende dich später deinen Antworten erneut zu. Vielleicht magst du dann noch etwas hinzufügen.

- ◇ Womit fühle ich mich tief verbunden?
- ◇ Wo spüre ich diese Verbindung im Körper besonders stark?
- ◇ Wie kann ich das Gefühl der Verbundenheit noch verstärken?

In diesem ersten Kapitel war es mir ein Anliegen, dir aufzuzeigen und dich zugleich daran zu erinnern, dass du Teil der Natur bist und dass in der Natur alles mit allem verbunden ist – wie im Kleinen auf der Erde, so auch im Großen im Kosmos. Zugleich sollte dich das Gelesene bestätigen in dem, was du selbst sicherlich auch schon gespürt und geahnt hast, ohne es genau zuordnen oder benennen zu können. Solch eine Bestätigung wirkt sich stärkend und bekräftigend auf die Intuition aus, über die der deutsche Physiker und Nobelpreisträger Albert Einstein (1879–1955) einmal gesagt hat: »Der intuitive Geist ist ein heiliges Geschenk und der rationale Verstand ein treuer Diener. Wir haben eine Gesellschaft erschaffen, die den Diener ehrt und das Geschenk vergessen hat.« Erlauben wir unserer Intuition, unseren Eingebungen und unseren Ahnungen, wieder vermehrt zu vertrauen! Verlassen wir von Zeit zu Zeit das Oberstübchen. Lassen wir unser Ich einfach ins Herz fallen und so die Verbundenheit mit dem Leben, dem Sicht- und dem Unsichtbaren, wieder fühlen und erfahren.

KAPITEL 2

Ahnenverehrung im Licht von Tradition und Wissenschaft

»Ein Wesen, das verachtet seinen Stamm,
kann nimmer fest begrenzt sein in sich selbst.«

William Shakespeare

Derzeit bin ich auf Teneriffa. Ich habe mich auf die Insel des ewigen Frühlings zurückgezogen, um Inspiration zu schöpfen. Wie wir alle, so hatte auch ich durch die vielen Beschränkungen aufgrund der Corona-Pandemie wenig Ausgleich. Ich habe die Zeit genutzt und die Recherchen für dieses Buch gemacht. Dafür war die Zeit richtig. Doch jetzt brauche auch ich Inspiration, um dich, die oder der du dieses Buch liest, inspirieren zu können. So sitze ich gerade in der Morgensonne, mit einem freien Blick auf den Atlantik, hoch über dem Meer an einem Hang, am Fuße des alten Teide, dem höchsten Berg Spaniens mit seinen 3407 Metern. Die Vögel zwitschern, es ist windstill, und die Sonne wärmt mich angenehm.

Als Entwurzelte war Tradition für mich nie wichtig. Ich fühlte mich nirgends zugehörig, war in jungen Jahren immer eine Außenseiterin, die sich unverstanden, einsam und oft ausgegrenzt fühlte. So konnte ich auch vielen Bräuchen nichts abgewinnen. Bräuche verbinden, schaffen Gemeinschaft und geben Halt. Ich hingegen suchte nach Identität, nach mir selbst. Als Kind blieben meine Warum-Fragen unbeantwortet, oder ich erhielt die Antwort, dass ich das nicht verstehen könne. Viele Jahre später grub ich aufgrund der inneren Leere und der gefühlten Bodenlosigkeit die Warum-Frage wieder aus – und fortan hat sie meine Suche nach Identität und nach dem Sinn des Lebens angetrieben.

In der Kultur, in der ich aufgewachsen war, konnte ich die Antworten auf meine Fragen nicht finden. Vielmehr fand ich sie in Asien, zum Teil in den Vedischen Schriften sowie im Taoismus. Meine Seele ging in Resonanz zu den Themen Wandlung, zu der Lehre von Yin und Yang und vielen anderen Aspekten der asiatischen Weisheitslehren. Hier spürte ich eine Stimmigkeit, eine Übereinstimmung mit dem, was meine Seele bereits an Wissen und Weisheit mitbrachte. Und so begann ich bereits vor über dreißig Jahren mit den Praktiken von Meditation und Yoga, die bei uns damals noch völlig unpopulär waren. Rückblickend kann ich sagen, dass mich der Schmerz, nicht dazuzugehören, letztendlich auf einem steinigen, langen Weg – über die Lehren aus verschiedenen Kulturen – zu mir selbst geführt hat. Ich habe Halt und Sicherheit nicht im Außen und in der Gemeinschaft gefunden, sondern musste diese in mir selbst finden. Auf diesem Weg habe ich meine familiären und auch meine spirituellen Wurzeln aufgespürt.

Ich schreibe dies, weil so für dich leichter nachvollziehbar wird, warum ich auf die Ahnenverehrung in China und Afrika ausführlicher eingehe. Auch mit dem Kontinent Afrika bin ich während der Jahre meiner Identitätssuche in Berührung gekommen, etwa durch ein Au-pair-Mädchen aus Tansania, das ein Jahr bei uns im Haus mit mir und meinen Söhnen gelebt und unser Miteinander bereichert hat.

Der Tradition mit dem, was sie im Kern vermittelt, stehe ich heute positiv gegenüber. Tradition reicht weiter und schenkt uns, was ihre Bestimmung ist: die Grundlage dafür, dass sich Kultur bildet. Dennoch ist mir bewusst, dass wir von Zeit zu Zeit die Dinge hinterfragen müssen, damit sie sich wandeln. Ihre Essenz muss sich in neue, modernere Formen ergießen und so dazu beitragen, dass das Wahre, das Gute und das Schöne immer klarer durchdringt und wir es erfahren.

Genau hinsehen und hinterfragen

Gerade in der jetzigen Zeit, in der die Evolution uns auf die nächste Entwicklungsebene hievt, gilt es, die Spreu vom Weizen zu trennen. Es gilt, das Althergebrachte zu entkernen, damit das, was uns als Menschheit weiterbringt, in Form neuer Bräuche ausgeübt wird. Denken wir dabei an die neuen Bewegungen der Achtsamkeit, des Yoga, der Meditation. Diese Bewegungen sind kulturübergreifend, verbinden verschiedene Kulturkreise und sind getragen von einem gemeinsamen Nenner: dem tiefen Wunsch nach einem spirituellen Leben, nach wahrer Selbstverwirklichung. Diese alten Bräuche erfahren derzeit eine Erneuerung. Sie schenken vielen ein Gefühl der Zugehörigkeit, geben Halt und Sicherheit und stärken das Gemeinschaftsgefühl als Menschheit.

Hier bin ich nun und werde dieses zweite Kapitel für dich so aufbereiten und schreiben, dass du am Ende spürst, dass die Wissenschaft vieles von dem, was in der Tradition bekannt war, mittlerweile bestätigt. Für dich wird damit vielleicht auch klarer, dass du mit dem, was du irgendwie immer gespürt hast, richtig liegst. Auf diese Weise fühlst du dich hoffentlich bestärkt und vertraust deinen Ahnungen und deiner Intuition immer stärker. Im besten Fall verspürst du sogar einen inneren Drang, dich deinen Wurzeln und damit deinen Ahnen zuzuwenden und in eine bewusstere Verbindung zu treten.

Die Ahnen in unserer Tradition und was davon übrig ist

Neben Weihnachten und Thanksgiving gehört Halloween inzwischen zu einem der wichtigsten Feste des Jahres. Bei uns im deutschsprachigen Raum wird dieses Fest nach USA-Vorbild erst seit den 1990er-Jahren begangen und ist seither immer populärer geworden.

Halloween wird am Vorabend von Allerheiligen, in der Nacht vom 31. Oktober auf den 1. November, gefeiert. Die Kelten und Germanen haben bereits vor Tausenden von Jahren diesen Tag zelebriert: Samhain ist der Tag, an dem die Vorfahren geehrt und gleichzeitig das neue Jahr eingeleitet wurde. Vor allem in Irland und England hat sich dieser Feiertag durchgesetzt. Während das europäische Festland zunehmend christianisiert und die Ahnenverehrung immer mehr verdrängt wurde, hat sich dieses Fest auf den Inseln erhalten.

Ab 1830 wanderten immer mehr Iren in die Vereinigten Staaten aus und lebten ihre Tradition dort weiter. Die Amerikaner übernahmen diesen Brauch – und so entwickelte sich das heutige Fest *HalloWeen,* eine Zusammensetzung des Wortes »All Hallows' Eve«, also »Allerheiligen-Abend«. Die wenigsten Menschen wissen heute noch, dass Halloween als Fest zu Ehren unserer Ahnen gefeiert wird.

Schauen wir nun weiter zurück. Früher waren die Ahnen ein wichtiger geistiger Teil der Familie, der Familientradition und Familienkultur. Zur Familie gehörten nicht nur alle Nachfahren des Familienoberhaupts, meist ausgehend vom (Ur-)Großvater, sondern auch mindestens drei Generationen seiner verstorbenen Vorfahren. Die Ahnen lebten in den mündlichen Überlieferungen, schriftlichen Familienchroniken und mittels Ahnen-Altären weiter. Beim Feierabend wurden oftmals ihre heldenhaften Taten und Lebensgeschichten erzählt, und auf diese Weise wurden die geistigen Bande gepflegt. Die Nachfahren erhielten zumeist deren Namen. Auch mein Vater hatte den Vornamen seines Vaters bekommen. Es war ein feierlicher Akt, wenn sich ein neuer Spross am Stammbaum der Familie ankündigte, der die Tradition später in seine Verantwortung nehmen und an seine Kinder, Enkel und Urenkel weitergeben würde.

Genauso war es Brauch, Abschied zu nehmen von jenen, die das Zeitliche gesegnet hatten. So gehörte zur Ahnenverehrung schon immer die Fürsorge für den Verstorbenen. Auch heute ist es noch Brauch, dass der Tote als frisch gebackener Ahn gewaschen wird. Anschließend werden ihm seine besten Kleidungsstücke angezogen, sein Haar wird frisiert, seine Nägel werden geschnitten, und manchmal werden ihm sogar die Wangen geschminkt und mit einem rosa Hauch überzogen. All das vollzieht der Bestatter in Abwesenheit von den Hinterbliebenen hinter verschlossener Tür. Im Gegensatz zu früher ist der Abschied vom Toten heute ein sehr kurzer.

In früheren Jahren war die Totenwache Brauch. Je nach Region lief sie unterschiedlich ab und umfasste verschiedene Riten. So wurde in der ersten Nacht nach dem Tod eine Nachtwache gehalten. Sie diente unter anderem dazu, vor bösen Geistern zu schützen. Der Verstorbene verblieb in seinem Sterbebett oder wurde bereits im Sarg in der Wohnstube aufgebahrt. Hierfür wurde das Zimmer mit Blumen, Kerzen und Bildern des Verstorbenen geschmückt. Die Nacht wurde mit stillem Gebet, Wachen und Gedenken zugebracht. Es konnte aber auch geweint, geplaudert und sogar gelacht werden. Zur Stärkung wurden Speisen und Getränke serviert, auch Alkohol. Unter diesen Voraussetzungen konnte die Totenwache durchaus den Charakter eines geselligen Beisammenseins annehmen - ähnlich einem Leichenschmaus, der auch in unseren Tagen noch Brauch ist. Diese traditionelle Form wird heute wieder beliebter, gibt sie den Trauernden die Gelegenheit, sich in aller Ruhe vom geliebten Menschen zu verabschieden.

Von der Kunst des Sterbens

So, wie die Angehörigen vom Verstorbenen Abschied nehmen, so verabschiedet sich auch dessen Seele von ihrem irdischen Dasein. Während das Abschiednehmen kultiviert und vielerorts praktiziert wird, ist über den weiteren Weg der Seele in unserem Kulturkreis wenig bekannt. Erst die in den letzten Jahren erschienenen Bücher über Nahtod-Erlebnisse bringen hier Licht ins Dunkel. Einige alte Kulturen verfügen über ein großes Wissen über den Weg der Seele nach ihrem Abschied vom irdischen Leben. Das bekannteste Werk ist wohl das Totenbuch der Tibeter, das *Bardo Thödröl.* Es ist eine der wenigen Schriften, die auf die Erlebnisse der menschlichen Seele beim Sterben, im Nach-Tod-Zustand und bei der Wiedergeburt eingeht. Es soll Verstorbenen als Führer durch die Zeit der Bardo-Existenz zwischen Tod und Wiedergeburt dienen. Darüber hinaus weist das *Bardo Thödröl* mithilfe von Texten, die dem Verstorbenen vorgelesen werden, an, wie das erlösende Licht erkannt und der Kreislauf der Wiedergeburten verlassen werden kann. Diese »Kunst des Sterbens« sollte bereits im Leben, durch Zerreißen der Schleier der Illusion, der Maya, eingeübt werden.

Heutzutage sind wir weit entfernt von solch einer »Kunst des Sterbens«, wenngleich sich eine Annäherung an das Thema abzeichnet. Nie zuvor haben die Menschen in der modernen Welt so viel über ihr Sterben nachgedacht wie heute. Da werden Patientenverfügungen unterschrieben und Hospize besichtigt. Da wird die eigene Beerdigung geplant und natürlich das Recht auf Sterbehilfe gefordert.

Dennoch ist der Tod in unserer Gesellschaft nicht gern gesehen; er bleibt ein Tabuthema. Der Tod erscheint unheimlich, weil wir zu wenig über ihn wissen. Zu der Zeit, als Menschen noch zu Hause starben, war der Tod in den Alltag integriert. So hatten die Menschen auch keine Angst vor den Toten. Heute ist das völlig anders. Der Tod wird ausgegrenzt. Über den Tod spricht man nicht. Er wird ignoriert und mit ihm ein Teil des Lebens. Denn der Tod ist nicht das Gegenteil von Leben, sondern der Gegenpol zur Geburt – und beide verbindet das LEBEN.

So herrscht in der modernen Gesellschaft eine Angst vor dem Tod, die vielen Menschen im Nacken sitzt und zu seltsamen Verdrängungsmanövern antreibt. Die moderne Medizin fördert dies mit ihren lebensverlängernden Maßnahmen. So schiebt der moderne Mensch jenen Pol, der der Geburt gegenüberliegt, immer länger blindlings vor sich her und stirbt am Ende oftmals in langen Stunden der Furcht.

Als meine Großmutter vor dreißig Jahren starb, war sie über achtzig Jahre alt. Sie war eine einfache Frau mit einer großen Liebe und Nähe zur Natur. Von Zeit zu Zeit erzählte sie mir Geschichten aus ihrem Leben und von ihren Erfahrungen mit einer Welt, die nicht sichtbar war, von deren Existenz sie jedoch aufgrund ihrer Erfahrungen überzeugt war. Meine Großmutter hatte den sechsten Sinn; dieser zeigte sich sehr deutlich kurz vor ihrem Ableben. Sie lebte allein in ihrem Haus, war nicht krank, und doch spürte sie ihr Ende nahen. Telefonisch benachrichtigte sie uns und teilte mit ruhiger Stimme mit, dass es mit ihr gleich zu Ende gehen würde. Sie könnte die Haustüre nicht mehr öffnen, aber das Küchenfenster. So könnten wir Zugang bekommen.

Als ich beim Haus meiner Großmutter ankam, fand ich die Situation genauso vor. Das Küchenfenster stand offen. Die anderen Verwandten hatten auf mich gewartet, da ich meiner Großmutter am nächsten stand. Ich stieg über das geöffnete Fenster ins Innere der Küche und fand meine Großmutter neben dem Küchentisch auf dem Boden liegend. Ihre Augen waren weit geöffnet. Mit einer Hand strich ich sanft darüber und verschloss sie. All das, was früher einmal schwierig zwischen ihr und mir gewesen war, war mit einem Mal wie ausgelöscht. Mit einem tiefen Gefühl der Liebe und des Mitgefühls sagte ich leise zu ihr: »Das hast du dir jetzt verdient, liebe Omi.« Dies war meine erste Begegnung mit dem Tod. Damals war ich zweiunddreißig Jahre alt. Ich verspürte keinerlei Angst. Es war etwas völlig Natürliches, obwohl bislang unbekannt.

Später half ich dabei, meine Großmutter zu waschen. Ich holte ihre Lieblingsbluse und eine rosafarbene Strickjacke, frisierte sie und machte sie hübsch für ihre letzte Reise. Innerlich begleitete mich ein tiefes Gefühl der Verbundenheit. Ihre Gesichtszüge waren sanft und zeugten von einem Frieden, der sie am Ende loslassen ließ vom irdischen Leben. Bei ihrer Beerdigung stand auf der Kranzschleife in großen goldenen Lettern: »Wir werden uns wiedersehen in großer Freude!« Und genauso empfand ich es. Ich hatte das Gefühl, dass es Frieden und Freude war, die uns zutiefst verbanden.

Durch den Tod vom Nachkommen zum Vorfahren

Ein Buch über Ahnen zu schreiben und dabei den Tod nicht mit einzubeziehen, wäre so, als würde ich einen Baum beschreiben und dabei seine Wurzeln unbeachtet lassen. Der Tod ist Teil des Lebens, jedoch nicht sein Gegenspieler. Das ist bis heute in unserem Kulturkreis nicht richtig verstanden. Denn der Tod ist, wie die Geburt auch, ein Übergang. Mit der Geburt durchschreitet ein Mensch das Tor ins irdische Leben, mit dem Tod tritt er aus diesem irdischen Leben wieder aus. Der Tod ist somit eine Schwelle, Eingang und Ausgang zugleich. Dazwischen gelangen das Bewusstsein oder auch die Seele auf einer Zeit-Raum-Achse in eine sichtbare Form und erfahren sich als Mensch in einem Körper.

Der Tod ist bereits von Geburt an mit im Gepäck. Und so haben wir viele Male während unserer Lebensspanne die Gelegenheit, das Sterben zu lernen. Rumi (1207–1273), ein persischer Sufimystiker und Dichter, schrieb einst:

»Stirb o Freund, bevor du tot bist, wenn du das ewige Leben willst; allein durch einen solchen ›Tod‹ erreichte Adris (ein Heiliger) den Himmel vor uns. Du hast dich sehr bemüht, aber noch ist der Schleier der Materie nicht entzwei; denn den wirklichen Tod hast du nicht gefunden. Solange du nicht stirbst, kann dein Kommen und Gehen nicht enden. Bis du nicht die höchste Sprosse der

Leiter erklimmst, kannst du den Gipfel nicht erreichen. Oder wie einer, der nur 99 Meter Schnur hat, nicht Wasser in seinen Eimer bekommen kann, wenn der Brunnen hundert Meter tief ist. Bis du den Geist nicht völlig vom ›Körper‹ zurückziehst, ist der Zyklus der Geburten und Tode nicht beendet. Lass das Licht deiner Lampe sich im Glanz des Morgens verlieren. Solange die Sterne nicht verborgen sind, sei versichert, bleibt auch die Sonne außer Sicht. Genau so, o kluger Mensch, tritt der Herr nicht in Erscheinung, solange der Schleier der Materie nicht zerrissen ist. Darum wähle den ›Tod‹ und reiße den Schleier dadurch entzwei. Dieser ›Tod‹ ist nicht derselbe, der dich ins Grab bringt. Er ist nur ein Zurückziehen des Geistes - eine Umwandlung, um dir ein nach oben ausgerichtetes Leben zu verleihen.«

Der Tod gehört dazu

Wie viele kleine Tode sterben wir innerhalb eines Lebens? In der Tat sind es viele. Jede Nacht, wenn unser Bewusstsein vom Körper loslässt und wir einschlafen, kommt es einem Tod gleich. Auch die Hingabe an einen geliebten Partner und das Verschmelzen der Energien beim Orgasmus entsprechen einem kleinen Tod, der umso besser gelingt, je gelöster und entspannter wir uns fallen lassen. Kontrolle hingegen bewirkt Anspannung und verhindert das kleine, süße Sterben.

Immer dann, wenn wir eins sind mit dem, was wir gerade tun, weil wir es lieben, stirbt für kurze Zeit jener Teil in uns, der sonst die Kontrolle hat. In diesen Momenten sind wir glücklich, sind wir eins mit uns und dem Leben. Aufgehen in dem, was gerade ist, bringt uns gänzlich in den Moment. Und dabei weitet sich die Gegenwart, die wir sonst nur als einen Wimpernschlag wahrnehmen. Eingezwängt zwischen der Vergangenheit und der

Zukunft ist die Gegenwart der meisten Menschen ein winziger Zeitraum, der ihnen keine Verweildauer gewährt. Dabei ist ihnen nicht bewusst, dass sie selbst der Architekt dieses Zeitraums sind, dass sie mit ihrer Wahrnehmung und Aufmerksamkeit diesen Zeitraum füllen, ihn unbewusst verengen oder bewusst dehnen und weiten. Ohne der Gegenwart Aufmerksamkeit zu schenken, bleibt die Gegenwart ein verkanntes Paradies, an dem die meisten Menschen schnell und rastlos vorbeihasten auf der Jagd nach dem vermeintlichen zukünftigen Glück. Geben wir uns hingegen hin, dem Moment, dem Augenblick, egal bei welcher Tätigkeit, ob beim Sex, beim Essen, beim Joggen, beim Malen und Schreiben, weitet sich die Gegenwart, und wir entspannen uns mit ihr in sie hinein. Dann passiert es, dass das sonst so geschäftige ICH in die Zeitlosigkeit des Herzens fällt und hier auf die glückliche Seele trifft. Glückseligkeit ist jener seltene Zustand, der davon erzählt, den viele jedoch nie in diesem Leben erfahren, weil sie nie da sind, obwohl sie doch ein Dasein geschenkt bekommen haben.

Jeder Tod kann, wie eine Geburt auch, eine orgiastische Erfahrung sein. Wenn das Ich die Kontrolle aufgibt, loslässt und gänzlich in dem aufgeht, was gerade ist, stirbt es für eine kurze Zeitspanne und erfährt sich als orgiastische Freude. Doch das Loslassen fällt vielen so schwer. Wir wollen behalten, was wir haben und was uns vertraut ist. Und dieses Festhalten bringt manchmal seltsame Blüten hervor. Womit ich überleiten möchte zum nächsten Brauch, der nach dem Tod eines geliebten Menschen für die Hinterbliebenen so wichtig ist: die Bestattung.

Eine neue Bestattungskultur

Nach dem Ableben ist für den Verstorbenen und zugleich frisch gebackenen Ahn das irdische Leben vorbei. Die Bestattung und alles, was damit zusammenhängt, ist eher eine Sache der Hinterbliebenen. Mit der Bestattung erweisen sie dem Toten die letzte Ehre, und zugleich soll sie den Verstorbenen, wie auch den Tag an sich, unvergessen machen.

In unserer modernen Gesellschaft wandelt sich die Bestattungskultur derzeit sehr stark. Die meisten Menschen wollen »pflegefrei« begraben werden. Früher ging noch jemand von den Hinterbliebenen jeden zweiten Tag aufs Grab zum Gießen der Blumen. Doch wer soll das Grab heute pflegen, wenn die Angehörigen weit entfernt vom Friedhof wohnen? Daher entscheiden sich Menschen, die noch mehr der Friedhofstradition verbunden sind, lieber für Stelen, Rasen- oder auch Baumgräber. Manche sehnen sich nach individueller Freiheit, auch über den Tod hinaus. Und so geht der Trend immer mehr weg von der klassischen Erdbestattung hin zu individuelleren Bestattungsarten. Zur Auswahl stehen Columbarium, Friedwald, Bergbach, die freien Lüfte oder gar die Erstellung eines Edelsteins aus der Asche des Verstorbenen.

Allen voran boomt jedoch die Feuerbestattung. Und so gibt es mittlerweile Seniorenausflüge ins Krematorium, bei der sich die alten Menschen im Rahmen einer »Werbeveranstaltung« über den Ablauf und auch die Art und Weise der Einäscherung informieren können. Diese Art, wie Menschen ihre letzte Ruhe finden wollen, wandelt sich. Noch vor einigen Jahren wäre das undenkbar gewesen. Von offensivem Marketing bis zur intensiven Totenfürsorge, von der Onlinebestattung in drei Klicks bis zum individuellen Urnenbegräbnis im Bergbach – all das ist möglich. Die Bestattungskultur erfährt einen Wandlungsschub. Ein Online-Bestattungshaus ermöglicht Beerdigungen jeglicher Art. Auf der Plattform des digitalen Bestatters finden die Hinterbliebenen neben den verschiedenen Bestattungsarten sogar einen

Urnen-Generator, mit dem eine Urne ganz individuell gestaltet werden kann. Verschiedene Materialien, Formen, Farben und auch Symbole können ausgewählt und zusammengestellt werden und die Herzen aller erfreuen, sowohl im Diesseits als auch im Jenseits.

Bei all den vielen verschiedenen Möglichkeiten stellt sich mir die Frage, inwieweit auf diese Weise gar das Thema Tod allmählich aus der Tabuzone herausgeführt wird? Entsteht auf diese Weise ein anderer, ein neuer Zugang zum Sterben und zum Tod? Oder ist mein Blick gar zu optimistisch?

Freiheit im Tod

Die immer größer werdende räumliche Mobilität bringt es mit sich, dass viele Menschen sich nicht mehr auf dem Friedhof des Wohnortes begraben lassen wollen. Viele zieht es in die freie Natur an Orte, die zu Lebzeiten ihr Herz besonders berührt hatten. Dabei übertragen sie oft den Hinterbliebenen ihren sehnlichsten Wunsch. Sie nehmen dafür auch in Kauf, in einem anderen Land beigesetzt zu werden. Denn in Deutschland gelten der Friedhofszwang und die Unteilbarkeit der Asche, von der etwa drei Kilogramm bei der Verbrennung eines Menschen entstehen. Sie darf nicht geteilt und daher nicht verstreut werden.

Eine Bestattung in der freien Natur bedingt, dass einer der Hinterbliebenen den Transport der Urne übernimmt. Und so fährt dann die hinterbliebene Ehefrau mit der Urne ihres Mannes im Einkaufskorb auf dem Rücksitz ihres Autos nach Österreich, Tschechien oder in die Schweiz und erfüllt den letzten Willen ihres geliebten Mannes. Diese Nachbarländer gehen wesentlich entspannter mit diesem Thema um. So kann dort die Asche in besonderen Gebieten einfach in den Wind, auf eine Bergwiese oder in einen Bergbach gestreut werden. Oder die Asche wird mit Erde vermischt und in diese Mischung wird ein Baum gepflanzt, ein sogenannter Lebensbaum, der dann im Garten oder auf dem Balkon wachsen und gedeihen kann.

In Österreich ist es sogar erlaubt, den Ahn bei sich zu tragen. So bietet eine österreichische Firma ein Stück Erinnerung zum Mitnehmen: einen Edelstein, gefertigt aus der Asche des Verstorbenen. Fünfzig Gramm der Asche sind für einen Edelstein erforderlich. Diese wird chemisch aufgearbeitet und filtriert. So entsteht die pulverisierte Essenz eines Menschen. Das Spannende dabei ist, dass die Farbgebung des Edelsteins von der Zusammensetzung der Asche abhängt - und so bekommt jeder Stein seine ganz individuelle Farbe des Vorfahren. Der Ahn kann so zum Beispiel als Kristall in einem Ring immer bei sich getragen werden. Dies kommt den alten Bräuchen schon wieder sehr nahe, wenngleich in einer modernen Form. Denn die Ahnenverehrung in den alten Traditionen sollte auch das Gefühl verstärken, dass der Ahn mit und bei seinen Nachkommen lebt, und die symbolische Sichtbarmachung diente dazu. Übrigens auch durch die Namensgebung, wenn der Enkel den Namen des Großvaters bekommt.

Moderne Ahnenverehrung – Cyber-Friedhöfe

In China hat sich bereits eine digitale Ahnenverehrung entwickelt. Die traditionellen chinesischen Großfamilien zerfallen und zerstreuen sich übers Land. So wird immer mehr auf die Familien-Friedhofsfeier zu Ehren der Vorfahren verzichtet. Die größer werdende räumliche Mobilität hindert auch in China die Menschen daran, ihren sozialen Verpflichtungen zur Ahnenverehrung nachzukommen. Doch in Zeiten der Digitalisierung kommt Hilfe in Form von virtuellen Friedhöfen, sogenannten Cyber-Friedhöfen. Hier können die Hinterbliebenen ein virtuelles Monument für den Ahn erbauen. Auch die Fürsorge ist möglich. So kann das Online-Grab mit Blumen geschmückt und können die Vorfahren mit allem versorgt werden, was sie im Jenseits erfreuen könnte, wie zum Beispiel mit ihrer Lieblingsmusik oder auch einer liebevollen Botschaft wie: »Meine liebe Großmutter, ich habe ein Online-Grab für dich eingerichtet. Hier kann ich dich oft besuchen. Hier bist du immer bei mir, wenn ich auch nicht genau weiß, ob deine Seele sich im Netz bewegen kann.«

Im Online-Grab können auch Fotos und sogar Video-Clips des Verstorbenen hinterlegt werden. Beim größten Betreiber eines virtuellen Friedhofs gibt es auf der Website einen Menüpunkt »Elektronische Trauer«. Hier werden Service-Leistungen angeboten wie: virtuelle Blumen, Musik, Kerzenlicht, Wein, Gewürze, Süßigkeiten, Früchte und auch Worte der Trauer. Beim letzten Qingming-Fest im Frühling besuchten bereits sechs Millionen Chinesen den größten virtuellen Friedhof »Netor-Gedenkdienste«.

An dieser Stelle möchte ich dir meine Gedanken dazu schreiben. Ich finde diese moderne Art, seiner Ahnen zu gedenken, weitaus lebendiger als den etwas verstaubten Brauch des Friedhofsbesuchs von Zeit zu Zeit, der noch dazu immer seltener wird. Wie in Kapitel 1 geschrieben, dehnt sich der Geist über Zeit und Raum hinaus aus und verbindet sich mit dem, worauf wir unsere Aufmerksamkeit richten. Wenn dann noch ein inniger, herzlicher Dialog entsteht, wird die Verbindung zu den Ahnen gestärkt. So kann der Austausch hin und her gehen, wenngleich nicht in der gleichen Form, wie wir Menschen dies untereinander tun.

Andere Formen moderner Ahnenverehrung zeigen sich in unserem Kulturkreis vielleicht auch in dem Bedürfnis, bei Stadtführungen Ortskenntnisse zu erlangen. Viele Menschen interessieren sich für die Geschichte des Ortes, an dem sie leben. Als ich 2012 im Kloster Windberg in ein Haus in der Klosteranlage zog, las ich interessiert die Chronik des Klosters. Mich interessierte das frühere Leben der Menschen hier. So erfuhr ich, dass ich im fünfhundert Jahre alten, ehemaligen Wächterhaus der Stallungen wohnte und in Hochzeiten in den Ställen über 1800 Tiere untergebracht waren. In den kleinen Nachbarhäusern, heute alle in Privatbesitz, wohnten die Handwerker, die im großen Handwerkerhaus, das heute ein kleines Handwerksmuseum beherbergt, Tag für Tag werkelten.

Woher kommt das Interesse, die Geschichte des Wohnortes kennen zu wollen, das Bedürfnis, etwas über frühere Bewohner des Ortes zu erfahren? Nun, wir könnten jetzt argumentieren, dass es gut ist, sich Geschichtswissen anzueignen, oder dass man auf diese Weise auch dem nächsten Besuch etwas zu erzählen hat. Oberflächlich gesehen mag das stimmen. Doch ich bin der Meinung, dass wir uns alle unbewusst danach sehnen zu erfahren, woher wir kommen und wohin wir gehen. Ohne eine Geschichte, ohne unsere Vorfahren, fehlt uns etwas. Diese Leere ist es, die uns dazu bringt, an Stadtführungen teilzunehmen und uns für die Geschichte eines Ortes und das Leben der damals ansässigen Menschen zu interessieren. Da es hierzulande und in vielen anderen modernen Gesellschaften keine direkte, beeinflussbare und wirksame Beziehung zu den Ahnen mehr gibt, ist dies eine mögliche Annäherung.

Ahnenverehrung in anderen Kulturen

Wenden wir uns nun der Ahnenverehrung in anderen Kulturen zu. Wir finden sie nicht nur bei den Naturvölkern, wie den Indianerstämmen Südamerikas oder in Neuguinea, sondern auch bei Kulturvölkern wie den Mayas, Inkas, den Chinesen, Japanern und vielen anderen. Vor allem in den asiatischen Volksreligionen hat die Verehrung der Vorfahren einen großen Stellenwert. Dies erfuhr ich, als ich vor über fünfunddreißig Jahren die asiatische Lehre des Feng Shui bei meiner Amerikareise kennenlernte und nach meiner Rückkehr während mehrerer Jahre eine Ausbildung in dieser Lehre absolvierte.

Ahnenverehrung in China

In China ist die familiäre rituelle Ahnenverehrung ein Teil der Volksreligion und daher fest im Alltag integriert. Die Chinesen sehen den Tod als eine Art Schlaf, aus dem der Mensch wieder erwachen kann. Deshalb gibt es das Ritual, die Seele des Toten herbeizurufen und dabei Gegenstände des Alltags und auch Nahrung anzubieten. Die Namen der Toten stehen auf hölzernen Ahnentafeln in einer Ahnenhalle oder auf dem Hausaltar, ähnlich wie auch bei uns die Ahnenfotos von Oma, Opa und sogar noch Ur-Oma und Ur-Opa im Herrgottswinkel standen. Den Vorfahren werden Opfer dargebracht, und vor ihren »Augen« werden wichtige Familienangelegenheiten, wie zum Beispiel Hochzeiten, entschieden. Die Hinterbliebenen können mit ihren Ahnen entweder durch Opfer oder durch Orakel in Verbindung treten. Diese Rituale durften früher nur von Männern durchgeführt werden. Dies ist mit einer der Gründe, warum es den Familien wichtig war und mancherorts noch ist, einen männlichen Nachkommen zu haben.

Jürgen Rieger schreibt in seinem Buch »Ahnenverehrung«: »Bereits vor Konfuzius gab es bei den Chinesen die Vorstellung, dass die Seelen der Verstorbenen nur dann im Jenseits Frieden haben, wenn ihrer durch bestimmte Opfer und Gebräuche regelmäßig von ihren leiblichen Nachkommen gedacht wird. Doch diese Vorstellungen waren verblasst, und China hatte im Zeitalter des Konfuzius ebenso die Erscheinungen der Geburtenarmut und der Entvölkerung des flachen Landes zu verzeichnen, wie sie auch alle anderen Völker nach einer Zeit des politischen und kulturellen Aufblühens erlebt hatten. Doch Konfuzius gelang es, den Volkstod zu verbannen und das chinesische Volk zum ewigen Leben zu erwecken, sodass kein noch so blutiger Krieg, keine Seuche, keine Hungersnot die Lebenskraft des chinesischen Volkes zu gefährden vermochte. Dieses Wunder gelang, weil er die Ahnenverehrung zu einem Kult mit höchster religiöser Bedeutung erhoben hat. Dies ist sein Lebenswerk und darum verehren ihn noch heute Abermillionen von Chinesen.«

Dies wirft auch ein interessantes Licht auf die Tatsache, dass China derzeit zur neuen Weltmacht avanciert. So zeigt sich wieder einmal, dass eine starke Verbindung mit den eigenen Wurzeln große Kraft für Ausrichtung und Entfaltung liefert. Dies gilt für jeden Einzelnen wie auch für eine ganze Nation.

Wieder zurück zu Konfuzius: Jürgen Riegers Buch entnehme ich, dass Konfuzius in der Kindesliebe die Wurzel aller Menschlichkeit sah. Wenn die Kindesliebe verinnerlicht und bestimmend für den Menschen geworden ist, muss sie über den Tod des Vaters hinausreichen und gleichsam in einer ununterbrochenen Kette auch weit zurückreichen können. So liegt in der Bewusstheit, dass die Toten im rituellen Gedenken ihrer Nachkommen weiterleben, ein Antrieb und Kraftquell für das eigene Leben, das selbst wieder als Glied in dieser Kette gewertet wird.

Konfuzius brachte in Verfall geratene Riten und Vorstellungen wieder in Ordnung. Von sich selbst sprach er nicht als Reformer, sondern als Überlieferer des Guten aus der alten Zeit. Da es in der Natur keine Gleichheit, sondern nur Ordnung gibt, müssen sich Natur- und Menschenordnung entsprechen - und so muss es bei den Menschen Rangordnungsunterschiede geben.

Diese Meinung vertritt auch Bert Hellinger mit seiner Familienaufstellung. Auch hier gibt es eine natürliche Rangordnung innerhalb der Familie mit einem bestimmten Verhaltenskodex. Ohne eine Stufen- und Rangordnung, sowohl in der Gesellschaft als auch im Opfer- und Ritualwesen, so Konfuzius, ist die Welt nicht in Ordnung.

Aus meinem Erfahrungsschatz

An dieser Stelle erlaube ich mir, wieder einen Teil aus meiner Geschichte einzufügen, der verstehen hilft, wie mich das Leben langsam immer näher an das Thema Ahnen herangeführt hat. Als ich damals, wie bereits erwähnt, von Amerika zurückkehrte, hatte ich das Buch von Sarah Rossbach über die Lehre des Feng Shui mitgebracht. Darin fand ich das beschrieben, was ich zuvor bei meiner Atlantiküberquerung am eigenen Leib erfahren hatte. Du erinnerst dich? Nach der Rückkehr von meiner Reise machte ich bei verschiedenen Lehrern in Europa eine Ausbildung in der Kunst und Wissenschaft des Feng Shui. Auf diesem Weg kam ich mit dem Gedankengut des Taoismus und auch mit der Lehre von Konfuzius in Berührung. Erstmals begegnete mir das Konzept der Verbindung mit sieben Generationen unserer Vorfahren. Dabei wurde mir bewusst, welch geringen Stellenwert die Ahnen bei uns in der modernen westlichen Welt haben. Zuvor hatte ich mir darüber nie Gedanken gemacht.

Einige Jahre später machte ich dann eine Erfahrung, die mich über die energetische Ebene hinaus in das Reich der Seele blicken ließ.

Eines Nachts weckte mich ein seltsames Geräusch. Ich setzte mich im Bett auf. Durch das Fenster kam ein wenig Licht, und so konnte ich vor mir an der Tür schemenhaft die Umrisse eines Mannes erkennen. Ich dachte sofort an meinen Partner, der nachts in einer Bar arbeitete, und sagte zu ihm: »Bist du schon zurück?« In dem Moment verließ die Gestalt den Raum. Ich hatte ein seltsames Gefühl, dennoch war ich zu müde, um aufzustehen und nachzusehen. Ich schlief sofort wieder ein und erwachte erneut, als ich das Klacken der Eingangstür hörte. Diesmal stand ich auf und schaute nach. Es war mein Partner, der gerade nach Hause gekommen war. Ich war verwirrt und sagte: »Du warst doch vorher schon mal da. Wieso bist du wieder weggegangen?« Er widersprach und meinte, er sei eben erst gekommen. Ich konnte mein nächtliches Erlebnis nicht einordnen und beschloss, es erst einmal für mich zu behalten.

Am nächsten Tag hatte ich einen Termin für eine Fußreflexzonen-Massage. Die Dame war sehr feinfühlig, und irgendwann sprach sie mich an, hatte sie doch meine innere Unruhe bemerkt. Ich vertraute mich ihr an und erzählte ihr von meiner Erfahrung der letzten Nacht. Sie fragte mich, ob ich die Tage vorher weniger Energie gehabt hatte, und ich bejahte es. In der Tat hatte ich die letzten zwei Wochen eine große Kraftlosigkeit verspürt. Daraufhin fragte sie mich, ob jemand in meiner Familie eines unnatürlichen Todes verstorben sei. Ich nickte und erzählte ihr vom Freitod meines Vaters, der mehr als 35 Jahre zurücklag. Sie nickte verständnisvoll und meinte: »Dann kommt er jetzt zu Ihnen und sucht Hilfe, damit seine Seele endlich übergehen kann.«

Ich erschrak zutiefst. Es war unfassbar für meinen Verstand, und doch hatte ich tief in mir das Gefühl, dass das richtig und wahr war.

Es zeigte sich, dass die Dame eine erfahrene Geistheilerin war, die sich mit diesen Dingen gut auskannte. Sie erklärte mir, dass ich drei Tage lang ein Totenlicht brennen lassen solle, so, wie sie auch für die Gräber verwendet wurden. Zudem wäre es wichtig, jeden Abend einige Gebete für die Seele meines Vaters zu sprechen.

Froh, solch eine klare Anweisung erhalten zu haben, besorgte ich noch auf meinem Nachhauseweg die Grablichter und zündete am gleichen Abend die erste Kerze an. Dann setzte ich mich aufs Bett und versuchte zu beten. Es gelang mir nicht. Mein Herz war schwer, ohne dass ich genau gewusst hätte, welche Gefühle sich unter dieser Schwere verbargen. Mehrmals versuchte ich es, und immer machte ich dabei die Erfahrung, dass mein Herz unendlich schwer war. Ich beschloss, mir bei der Dame wieder Rat zu holen. »Sie müssen zuerst Ihre Wut und Ihre Trauer bearbeiten«, sagte sie zu mir. Dann erklärte sie mir, wie ich vorgehen sollte, um an diese Gefühle heranzukommen.

Abends zündete ich erneut eine Kerze an. Diesmal begann ich einfach damit, mir die Schwere vom Herzen zu reden, und langsam lösten sich die wahren Gefühle dahinter. Anfangs kam eine große Wut zum Vorschein, die mich ängstigte. Doch ich tat, wie mir geheißen, ließ ihr ausreichend Raum, sodass ich sie gut und deutlich fühlen konnte. Dabei verzichtete ich darauf, dem Impuls, sie ausleben zu wollen, zu folgen. Allmählich wurde die Wut weniger, und eine tiefe Trauer kroch in mir hoch. Sie brachte all den Schmerz über den Verlust meines Vaters mit sich. Endlich konnte ich ihn fühlen. Über 35 Jahre waren diese Gefühle verdrängt gewesen. Einem Dammbruch ähnlich brach ich in Tränen aus und weinte mich für eine lange Zeit in die Erlösung hinein, bis ich mein Herz erleichtert hatte und erschöpft in den Schlaf fiel.

Am nächsten Tag fühlte ich mich sichtlich befreit. Abends zündete ich wieder eine Kerze an, setzte mich aufs Bett und begann, mit der Seele meines Vaters zu sprechen. Es geschah wie von selbst. Ich musste nicht darüber nachdenken. Die Worte kamen einfach aus meinem Mund. Ich sagte ihm, dass ich ihn so vermisst hatte all die Jahre, dass ich mehrmals daran gedacht hatte, meinem Leben ein Ende zu setzen, weil ich mich so einsam und allein gelassen gefühlt hatte. Während ich sprach, fühlte ich die Anwesenheit seiner Seele. Nachdem alles gesagt war, spürte ich einen tiefen Frieden, und ich konnte aus meinem Herzen heraus beten. Kurze Zeit darauf verließ die Seele meines Vaters den Raum. Ich konnte spüren, wie sich die Atmosphäre veränderte, lichter wurde. Diese Erfahrung hat mich zutiefst berührt. Sie war, wie sich später zeigte, wieder ein wichtiger Marker auf dem Weg meiner spirituellen Entwicklung.

Ahnenverehrung in Afrika

Schauen wir nun zur »Wiege der Menschheit«, wie der Kontinent auch genannt wird. Bereits im Jahr 1871 hatte der britische Naturforscher Charles Darwin (1809–1882) vermutet, dass sich der Mensch in Afrika entwickelt habe, da seine nächsten Verwandten – Schimpansen, Bonobos und Gorillas – dort beheimatet sind. 1924 wurde in Südafrika das älteste Fossil eines unmittelbaren Vorfahren des Menschen entdeckt, außerdem zahlreiche weitere Fossilfunde, sodass Darwins Hypothese heute als abgesichert gilt. Bei den meisten Völkern Afrikas südlich der Sahara bildet die Beziehung zu den Ahnen das Herzstück ihrer traditionellen

Kultur und Religiosität. Sie sprechen auch von der »Gemeinschaft mit den Ahnen«. Der »Ahn« ist im afrikanischen Verständnis ein Ehrentitel. Als Ahnen gelten dabei nicht alle Vorfahren, sondern nur solche, die sich um die Gemeinschaft verdient gemacht haben. Ihre Verehrung stabilisiert die Gemeinschaft und erfüllt damit eine soziale Funktion neben der religiösen, bei der die Vorfahren als Mittler zwischen Gott und den Menschen fungieren.

Nachdem im Jahr 1742 der Vatikan den Katholiken die Ahnenverehrung verboten hatte, bekämpften westliche Missionare in Afrika über viele Jahrzehnte hinweg das Verhältnis der Afrikaner zu ihren Ahnen. Dies wiederum führte dazu, dass sich die Verehrung der Ahnen weitgehend im Verborgenen vollzog und noch immer vollzieht. Die meisten Afrikaner sind davon überzeugt, dass die Ahnen nach ihrem Ableben aus diesem Leben nicht gänzlich tot sind, sondern auf einer anderen unsichtbaren Ebene weiterleben, mit ihren Nachkommen Verbindung halten und so ihr Leben beeinflussen. Diese Überzeugung kommt dem christlichen Gedanken einer Auferstehung sehr nahe.

Das Verhältnis der Afrikaner zu ihren Ahnen ist mehr als bloße Erinnerung und ihre Verehrung mehr als bloßer Totenkult. Vielmehr geht es nach afrikanischem Verständnis um eine lebendige Beziehung mit einer Kommunikation in beide Richtungen. Es ist entscheidend für die Gemeinschaft, verwurzelt zu sein, zu wissen, woher man kommt, und in einer bestimmten Tradition zu stehen. Das ist traditionell für viele Afrikaner von grundlegender Bedeutung. Dabei verkörpern die Ahnen die eigene Herkunft und Identität. Identität und Persönlichkeit definieren sich demnach weniger durch persönliche Leistungen des jeweiligen Menschen, sondern aus dessen Stellung in der Gemeinschaft – im Stamm, in der Sippe, beziehungsweise in der Großfamilie.

Die Verehrung der Ahnen beziehungsweise der Urahnen durch die Nachkommen hat dabei gemeinschaftsstiftende und gemeinschaftsstärkende Kraft: Die Ahnen sind der gemeinsame Bezugspunkt, und die Vorfahren verkörpern in ihrer Vorbildfunktion die gemeinsamen Werte, die die Gemeinschaft im Kern zusammenhalten. Als moralische Vorbilder setzen sie mit dem Beispiel ihres Lebens den Rahmen für Falsch und Richtig in der Gemeinschaft, in der sie heute verehrt werden. Umgekehrt macht eine Gemeinschaft mit der Verehrung eines Vorfahren beziehungsweise mehrerer die Werte und Maßstäbe deutlich, die in ihr gelten sollen. Darin drückt sich ein stark traditionsorientiertes Denken in traditionellen afrikanischen Gemeinschaften aus.

Ahnen werden auch als Mittler angesehen, die nach ihrem Tod einen Status erreicht haben, in dem sie dem Göttlichen näher sind als die noch Lebenden. Ähnlich den Heiligen im katholischen Verständnis können sie in beide Richtungen vermitteln. Die Anliegen der Gläubigen werden von den jeweiligen Oberhäuptern - dem König, Häuptling oder Schamanen - stellvertretend für ihre Gemeinschaft über die Ahnen der Gottheit übermittelt. Die Ahnen bilden gewissermaßen den Kanal für die göttliche Lebenskraft, die an die Nachfahren weitergereicht werden soll. Diese Auffassung findet sich in allen alten schamanischen Traditionen rund um den Erdball.

Nach traditioneller afrikanischer Auffassung nutzen Ahnen eine große Bandbreite von Möglichkeiten, mit den Lebenden Verbindung aufzunehmen und ihnen ihren Willen zu übermitteln. Dazu gehören natürliche wie übernatürliche Erscheinungen. So berichten viele Afrikaner von Erscheinungen, in denen ein Ahn zu ihnen gesprochen und sie zum Beispiel zurechtgewiesen oder ihnen einen bestimmten Auftrag erteilt habe, etwa sein Grab besser zu pflegen.

Auch meine Großmutter berichtete mir von solch einem Vorfall. Mein verstorbener Großvater hatte sich bei ihr eines Nachts gemeldet, nachdem ein Verehrer um die Gunst meiner Großmutter geworben hatte. Mein Opa teilte ihr unmissverständlich mit, dass er nicht damit einverstanden war, dass sie sich einem anderen Mann verschrieb. Und so blieb ihm meine Großmutter bis zu ihrem Tod treu.

Bekämpfung der Ahnenverehrung und ihr Wiedererstarken

Die westlichen Missionare bekämpften anfangs die Ahnenverehrung in Afrika entschieden. Die Ahnen wurden als Rivalen Jesu Christi gesehen, der als einziger Mittler zu Gott gelten sollte. Erst seit der Zeit der Erlangung der Unabhängigkeit durch die meisten Staaten Afrikas um 1960 herum fand auch in der afrikanischen Christenheit eine Neubesinnung auf afrikanische Werte statt. Man bemühte sich, die Ahnen in einem neuen Licht zu sehen und in ein christliches Weltbild zu integrieren. Wahrscheinlich veränderte sich die Sicht auf die Ahnen dabei ebenfalls, indem sie christlich vereinnahmt wurde. Das war fast unausweichlich. Denn traditionell war die Gemeinschaft mit den Ahnen an eine Blutsverwandtschaft gebunden. Die christliche Gemeinschaft überstieg diese jedoch.

Gegner wie Befürworter der Ahnenverehrung stellen heute übereinstimmend fest, dass die Ahnenverehrung nicht nur überlebt hat, trotz gegenteiliger Bemühungen westlicher Missionare, sondern dass sogar ein Wiedererstarken stattfindet. Vor allem in Krisenzeiten suchen Menschen wieder vermehrt Halt bei den Verstorbenen. Dabei ist die Ahnenverehrung in der Regel dort am stärksten, wo Menschen in einer gewachsenen, ländlichen Gemeinschaft verwurzelt sind.

Das Verhältnis zu den Ahnen ist heute eines der am meisten umstrittenen Themen innerhalb der weltweiten Christenheit. Deutlich wurde dies auf der Vollversammlung des Ökumenischen Rats der Kirchen 1991 in Canberra/Australien. Bei ihrem Vortrag beschwor die koreanische Theologin Chung die Geister der Ahnen. Dies löste sowohl zustimmende als auch ablehnende stürmische Reaktionen aus. Während die einen von einem »heiligen Moment« sprachen, nannten andere, vor allem Orthodoxe, aber auch Protestanten es eine Vermischung von verschiedenen Religionen und drohten mit ihrem Austritt.

Das sagen Christentum und Bibel

Lass uns einmal schauen, was die Bibel über Ahnenverehrung sagt. Hier finden wir, dass der Geist der Toten entweder in den Himmel oder in die Hölle kommt und nicht auf dieser Welt verbleibt (Lukas 16,20–31; 2. Korinther 5,6–10; Hebräer 9,27; Offenbarung 20,11–15). Der Glaube, dass Geister auf dieser Erde zurückbleiben und das Leben von anderen beeinflussen können, entspricht nicht der Heiligen Schrift, wie wir sie heute kennen. Nirgends in der Bibel steht, dass die Toten als Medien zwischen Gott und den Menschen agieren. Die Bibel sagt jedoch, dass Jesus Christus diese Rolle innehat. Er wurde geboren, lebte ein sündenfreies Leben, wurde für unsere Sünden gekreuzigt, begraben, ist auferstanden durch Gott, stieg auf in den Himmel und sitzt zur rechten Hand des Vaters. Dort hält er bei Gott für diejenigen Fürsprache, die ihren Glauben und Vertrauen in ihn gelegt haben. Es gibt nur einen Mediator zwischen Gott und den Menschen, und das ist Gottes Sohn, Jesus Christus. Die Bibel sagt außerdem, dass wir keine anderen Götter außer dem einen Gott anbeten sollen. Vor allem Wahrsager und Zauberer, die mit Toten in Kontakt treten konnten, waren ein großer Dorn im Auge der Kirche, und so wurden sie ausdrücklich verboten.

Wir wissen aber darüber hinaus, dass die Bibel oft übersetzt und vieles auch entfernt wurde, das den Priestern die Führung ihrer Gläubigen erschwert hätte.

Für mich zählen meine eigenen Erfahrungen weitaus mehr. Daraus ist für mich Wissen und gar Gewissheit entstanden. Ich habe mit der »armen« Seele meines Vaters kommuniziert, die Präsenz seiner Seele wahrgenommen und erlebt, dass sie dadurch aus dem Zwischenreich der »armen Seelen«, wo es keine Weiterentwicklungsmöglichkeit gibt, erlöst wurde.

Im Zuge der Ausbreitung des Christentums wurde auch Asien missioniert. Dies zog jedoch große Probleme nach sich, da die Ahnenverehrung in asiatischen Volksreligionen, wie du bereits lesen konntest, einen großen Stellenwert hat. Die Fragen, die auftauchten, lauteten: Dürfen die neu getauften Christen die traditionelle Konfuzius- und Ahnenverehrung beibehalten? Oder bedeuten sie Aberglauben, Irrlehren und Götzendienst, derer sich Christen enthalten müssen?

Es begann ein langer Ritenstreit. Mit der Bulle *Ex quo singulari* vom 11. Juli 1742 verlangte Benedikt XIV. von allen China-Missionaren einen feierlichen Eid auf das Verbot der asiatischen Riten. Erst das Zweite Vatikanische Konzil leitete dann eine grundsätzliche Wende gegenüber den anderen Religionen ein. In einer Erklärung von 1965 heißt es, dass die Kirche nichts von alledem ablehne, was in diesen Religionen wahr und heilig ist.

Die Asiaten sind bis heute in die moderne Zeit hinein der Verehrung ihrer Ahnen treu geblieben, auch wenn sich die Formen der Ahnenverehrung gewandelt haben. Ihren modernsten Ausdruck findet sie jetzt im digitalen Zeitalter in den Cyber-Friedhöfen, wie ich es bereits zu Beginn des Kapitels beschrieben habe.

Aus meiner Sicht braucht es eine spirituelle, eine geistige Sicht auf die Ahnen. Nach einer Umfrage in Deutschland zum Ausmaß der Spiritualität, zeigten die Ergebnisse der vom Statista Research Department am 23.07.2019 veröffentlichten Statistik, dass sich 2017 rund 11 Prozent der Befragten auf einer Skala von 1 (nicht spirituell) bis 10 (spirituell) eine 5 gaben – Tendenz steigend. Um ein stabiles Fundament im Leben zu haben, braucht unsere Verbindung zu unseren Ahnen mehr als nur Friedhofsgänge von Zeit zu Zeit. Sie braucht eine neue, moderne und bewusste Form, frei von politischen und religiösen Doktrinen. Der große Komponist Gustav Mahler hat es mit folgenden Worten vor langer Zeit so ausgedrückt: »Tradition bedeutet nicht, nur die Asche anzubeten. Vielmehr bedeutet Tradition, das Feuer weiterzureichen.«

Unsere Ahnen unter der Lupe der Wissenschaft

»Wir existierten zum Teil schon im Körper unserer Großmutter. Das Ei, aus dem wir wurden, bildete sich zwei Generationen vor unserer Geburt.« Tessa Roseboom, Professorin für Frühentwicklung an der Universitätsklinik Amsterdam, beginnt so manchen Vortrag über Epigenetik mit dieser erstaunlichen Erkenntnis. Wissenschaftler auf der ganzen Welt forschen mittlerweile in diesem neuen Zweig der Biologie und beschäftigen sich mit dem überaus wichtigen Thema der Vererbbarkeit von Erfahrungen. In ihrem Beitrag »Das Erbe in unseren Genen« (National Geographic, April 2018) beschreibt etwa die Journalistin Anja Reumschüssel sehr ausführlich interessante Studien und wissenschaftliche Forschungsergebnisse zum Thema. Nachfolgend fasse ich die interessantesten zusammen:

Lange glaubte man, dass es allein die Gene seien, die Gesundheit, Aussehen und manche Wesenszüge des Menschen prägen. Alles andere wurde äußeren Einflüssen zugeschrieben: der Erziehung, dem Umfeld, den Erfahrungen, die ein Mensch macht.

Die Epigenetik erforscht, wie Umwelteinflüsse an die folgende Generation vererbt werden. So gilt sie als das Bindeglied zwischen Umwelteinflüssen und Genen. Auch Neurowissenschaftler, Molekularbiologen, Psychiater und Psychologen sind dabei zu klären, warum und in welchem Umfang sich die Prägungen im Erbgut unserer Vorfahren auf uns auswirken, was wir durch unser Verhalten unseren Kindern bereits vor ihrer Zeugung mitgeben und wie wir mit dieser immensen Verantwortung umgehen.

Mittlerweile ist erwiesen, dass sich auch die Lebensbedingungen, der Stress sowie Schmerz, Hunger, Nöte und auch Krankheiten unserer Vorfahren in unserem Erbgut niederschlagen.

Anhand von drei Beispielen will ich hier verdeutlichen, wie sehr wir vor allem grundlegende Gefühle wie Angst, Hunger, aber auch Traumata von unseren Vorfahren erben, ohne dass uns dies bislang bewusst war.

Beispiel 1 – Vererbte Angst

Im Jahr 1943 zerstörten britische und amerikanische Bomber in mehreren Wellen weite Teile der Hansestadt Hamburg. Philipp von Issendorff, Psychosomatik-Experte, hat mehrere Dutzend Zeitzeugen und einen Großteil ihrer Kinder befragt. Ein Drittel der Überlebenden hatte noch sieben Jahrzehnte nach diesem Erlebnis Symptome einer Posttraumatischen Belastungsstörung. Auch bei ihren Kindern zeigte die Mehrzahl auffällige Symptome der Angst. Diese Stichprobe gibt Hinweise auf etwas, nach dem Forscher auf der ganzen Welt seit einigen Jahren suchen: der Vererbbarkeit von Erfahrung. Dies ist eine große Entdeckung, die nicht nur Darwins Evolutionstheorie infrage stellt, sondern das Leben von uns allen verändern kann. Was unsere Urgroßeltern, unsere Großeltern und unsere Eltern vor unserer Geburt erlebten, erreicht über molekularbiologische Prozesse in ihren Zellen am Ende auch uns. Doch das ist noch nicht alles. Es ist weiterhin gemäß der herrschenden Wissenschaft, der Epigenetik, erwiesen, dass sich die vererbten Erfahrungen unserer Vorfahren bis zu vier Generationen lang auswirken.

Demzufolge beeinflussen wir schon vor der Zeugung, wie gesund, glücklich und erfolgreich unsere Kinder einmal werden. Und womöglich sogar unsere Enkel. Was wir heute erleben, kann Jahrzehnte später eine Rolle spielen. Was und wie wir sind, woran wir kranken, worunter wir leiden, erklärt sich also nicht nur aus unserem eigenen Leben, aus unseren Ernährungsgewohnheiten, unserem Stress, unseren Kindheitserlebnissen. Sondern unser Leben beginnt weit vor unserer Geburt.

Der Großvater und auch der Vater des französischen Psychoanalytikers und Schriftstellers Bernard Torgemen erlitten Kriegstraumata. Jahrzehnte später entwickelten sowohl Torgemen als auch seine Geschwister Störungen wie Legasthenie, Depressionen und Bulimie. Gerade so, als hätten sie selbst ein Trauma erlebt.

Beispiel 2 – Vererbter Hunger

In den Kriegsjahren 1944/45 herrschte eine der schlimmsten Hungersnöte in Europa. Die Lebensmittellieferungen waren blockiert. Alles war streng rationiert. Kinder bekamen in der Schule eine Mahlzeit am Tag. Eine Schwangere hätte im Normalfall das Vierfache eines Erwachsenen gebraucht, jedoch nicht bekommen. Viele Kinder wurden daher mit Untergewicht, kaum mehr als zweieinhalb Kilo, geboren. Noch 50 Jahre später litten diese Menschen doppelt so häufig an Atemwegserkrankungen, Herz-Kreislauf-Problemen und Diabetes wie Gleichaltrige, deren Mütter in der Schwangerschaft keinen Hunger hatten leiden müssen.

Auch die Kinder der Hungerbabys hatten häufiger mit verschiedensten Krankheiten, Allergien und anderen Defiziten zu tun. Bereits bei der Geburt wogen sie schwerer und neigten im Erwachsenenalter leichter zu Fettleibigkeit. Die niederländische Hungerstudie, die Bastiaan Heijmans vom Leiden University Medical Center mit seinen Kollegen durchgeführt hat, ist eine der bekanntesten Untersuchungen, die Hinweise darauf gibt, wie die Folgen von Mangelernährung vererbt werden. Auch in Gambia, wo die Menschen in der Regenzeit immer wieder Hunger leiden, hat dies Auswirkungen des Mangels auf die Kinder im Mutterleib und noch bei deren Nachkommen. Fest steht: Der Hunger frisst sich ins Erbgut, und die Nachkommen neigen später verstärkt zu Krankheiten, Allergien und Übergewicht.

Beispiel 3 – Vererbte psychische Traumata

Auch häusliche Gewalt und Brutalität können sich auf die Nachkommen der Opfer auswirken. Belegt ist bereits: Misshandlungen von Müttern während der Schwangerschaft verändern Hormone und beeinflussen die Gehirnentwicklung der Embryos. Das kann Auswirkungen auf die Lernfähigkeit und die Entwicklung des Gefühlslebens der Kinder haben. Auch alltägliches Verhalten hinterlässt Spuren im Erbgut. Die Studie der norwegischen Universität in Bergen aus dem Jahr 2014 zeigt, dass bei Kindern, deren Väter vor der Zeugung geraucht haben, das Risiko bis zu dreifach erhöht ist, an Asthma zu erkranken. Dies ist vor allem dann so, wenn die Väter bereits vor ihrem 15. Lebensjahr mit dem Rauchen begonnen haben. Keinen Einfluss hatte in der Studie hingegen der Zeitraum, zu dem sie vor der Zeugung eventuell dem Nikotin abgeschworen hatten.

Was hat sich die Evolution bei der Vererbung gedacht? Geht es nicht darum, dass unsere Nachkommen gesünder, kräftiger und durchsetzungsfähiger werden? Die Forscher sagen: Ja, darum geht es auch hier. Die epigenetische Maschinerie, die sich in jeder mikroskopisch winzigen Zelle unseres Körpers abspielt, all die Moleküle, Enzyme und RNA-Stränge, die unablässig Gene an- und abschalten, haben eine Aufgabe: Sie helfen dem Organismus, sich möglichst rasch an eine sich stetig wandelnde Umwelt anzupassen. Über Gene allein dauert die Anpassung viele Generationen und ist von zufälligen Mutationen abhängig. Die Epigenetik wirkt auf sie wie ein Korrektiv, eines, von dem die Wissenschaftler lange nichts wussten.

Wenn es eine Mutation in den Genen gibt, kann diese nicht mehr rückgängig gemacht werden. Dagegen ist das Epigenom, eine Informationsebene auf dem Genom, durch Umgebungsbedingungen dynamisch veränderbar. So zeigen Studien mit traumatisierten Patienten, dass geeignete Therapien stressbedingte Veränderungen in der Genregulation rückgängig machen können. Gerade Menschen, die Gewalt und Missbrauch, Krieg und Hunger erlebt haben, brauchen daher rasche Hilfe. Für sich selbst – und damit sie ihr Leid nicht an ihre Nachkommen weitergeben.

Die Wissenschaft der Epigenetik steht ganz am Beginn. Durch sie wird nachvollziehbar, wie Alkoholismus, sexueller Missbrauch, selbst der Genozid an indigenen Völkern weitergegeben werden. Doch wir erleben auch das gute Erbe, die positiven emotionalen Erfahrungen und die Stärken und Talente unserer Vorfahren. Die Liebe, Fürsorge und Unterstützung, die wir in unserer Familie erfahren haben, wird ebenso weitergegeben – wie die anderen Begabungen und Talente, die wir vielleicht von unseren physischen Vorfahren geerbt haben, zum Beispiel ein Talent in Musik, in Mathematik oder einen starken und gesunden Körper. Und je mehr wir diese Geschenke würdigen, umso vollständiger stehen sie uns zur Bewältigung unserer großen Herausforderungen zur Verfügung.

Die Kriegsgenerationen und ihr Erbe

Vor einigen Jahren wurde ich auf ein Buch der Kölner Journalistin Sabine Bode aufmerksam, das damals in der Spiegel-Bestsellerliste ganz oben rangierte. In »Kriegsenkel – Die Erben der vergessenen Generation« schreibt sie: »Noch ahnte man in der Generation Golf (Anmerkung der Autorin: die zwischen 1960 und 1975 Geborenen) nicht, dass mit Globalisierung, Finanzkrise und Arbeitslosigkeit ganz andere Themen als Konsum auftauchen würden.«

Sie beschreibt weiter, dass dieser Nachkriegsgeneration kein behaglicher Ruhestand vergönnt sein würde, weil sich ihre Eltern der öffentlichen Kassen gedankenlos bedient und ihnen einen gigantischen Schuldenberg hinterlassen hatten. Diese Generation wäre zudem zu gehemmt, um die Älteren mit ihrer Maßlosigkeit zu konfrontieren. Außerdem wären die 60er- und 70er-Jahrgänge maßgeblich an einem gesellschaftlichen Phänomen beteiligt – der Kinderlosigkeit.

Ihr zuvor erschienenes Buch »Die vergessene Generation – Die Kriegskinder brechen ihr Schweigen« stieß bei den Kindern dieser Generation und deren Angehörigen auf große Resonanz. Durch die Leserpost, aber auch bei Veranstaltungen zum Thema, wurde deutlich, dass deren Eltern, Angehörige der 30er- und 40er-Jahrgänge, überwiegend aus Flüchtlingsfamilien stammten. Die Kriegsenkel machten der Journalistin gegenüber deutlich, dass Vater und Mutter, ehemalige Flüchtlingskinder, durch Vertreibung und durch den Neubeginn in einer größtenteils feindseligen Umgebung zeit ihres Lebens belastet blieben. Sie waren extrem misstrauisch und konnten nicht aufhören, sich über die Zukunft existenzielle Sorgen zu machen, selbst dann, wenn sie ein gutes Einkommen und Auskommen hatten und gegen alles versichert waren.

Auffallend oft äußern die Kinder der Kriegskinder über sich, dass ihnen der Boden unter den Füßen fehle, obwohl sie als Friedenskinder in den besten aller Zeiten aufgewachsen sind. Zumindest in Westdeutschland hat es ihnen an nichts gefehlt, oder doch? Für die meisten ist es ein völlig neuer Gedanke, sich vorzustellen, dass ihr verunsichertes Lebensgefühl von den Eltern stammen könnte, die sich von ihren Kriegserlebnissen nicht erholt hatten. Ist es möglich, dass eine Zeit, die sechzig Jahre zurücklag, so stark in ihr jetziges Leben hinein nachwirkte? Und wenn ja, warum wussten sie nichts davon?

In den Medien wurde über diese Generation ein völlig anderes Bild verbreitet. Eine Umfrage, die im Jahr 2008 vom Stern in Auftrag gegeben worden war, ermittelte eine »zufriedene Gesellschaft«. Darin hieß es ausdrücklich: »Jeder zweite sagt sogar: So gut ging es mir noch nie.« Mittlerweile ist uns bewusst, dass materieller Wohlstand nicht immer auch inneres Wohlbefinden garantiert. Und so sieht die Realität im Inneren der Menschen oftmals anders aus, wenngleich viele sich dies nicht eingestehen und sich nach außen anders darstellen.

Ein »schwieriges« Thema

Seit den 1970er-Jahren galt das Thema als kulturell nicht mehr erwünscht. In den Medien, den Schulen und in der Forschung ging es nur noch um die Fakten und Hintergründe, um die Opfer der NS-Verbrechen. Das, was die Menschen tief innen bewegte, kam nicht mehr zur Sprache und wurde ausgeblendet. Über die Erfahrungen durch den Krieg sollte und durfte nicht mehr gesprochen werden. So hatten die Kriegskinder gelernt, alles mit sich selbst auszumachen. Dabei fehlte ihnen die Erfahrung, von anderen erkannt und verstanden zu sein, sowie auch das Gefühl einer tieferen Verbundenheit.

Wenn schon die Generation der Kriegskinder über viele Jahrzehnte sich ihrer eigenen Prägungen und ihrer Verunsicherungen nicht bewusst war, wie sollten dann ihre Kinder, die Kriegsenkel, auf die Idee kommen, sie könnten ein belastendes kollektives Erbe mit sich herumtragen? Das wirkliche Problem findet sich darin, dass die Generation der Kriegskinder noch wusste, dass die Eltern Schlimmes erlebt hatten. Die nachkommende Generation, die Kriegsenkel, konnte Derartiges bei ihren Eltern nicht erkennen. Es ging ihnen äußerlich gesehen ja gut. Doch als Kind haben wir ein feines Gespür, selbst für jenes Grauen, das sich tief in den Eltern vergraben hatte und daher nicht mehr zugänglich war. So haben sich viele der Kriegsenkel erst relativ spät von ihren Eltern abgenabelt. Und obwohl sie alle geistigen Voraussetzungen haben, um ein erfolgreiches Leben zu führen, vermittelt eine große Zahl von ihnen den Eindruck, emotional blockiert zu sein und sowohl privat als auch beruflich auf der Bremse zu stehen.

An keiner Familie in Deutschland ist der Krieg spurlos vorbeigegangen. Obwohl ein Großteil der Menschen die Vergangenheit ruhen lassen will, fehlt das Verständnis für die Auswirkungen dieser Vergangenheit. Was bedeutet dieses Erbe für unsere persönliche Identität, für unsere Familienidentität und für unsere gesellschaftliche Identität? Die Schriftstellerin Tanja Dückers, 1968 geboren, spricht im Zusammenhang mit den Spätfolgen des Krieges und der NS-Zeit von einem Nachbeben. Um es zu identifizieren, braucht es eine geradezu seismografische Wahrnehmung; rein intellektuell kann es nicht erfasst werden. Fakt ist aber: Viele Nachgeborenen spüren das Nachbeben, können es jedoch nicht einordnen, denn das Erdbeben selbst haben sie ja nicht erlebt. Die Kriegsenkel spüren etwas anderes. Sie haben das Gefühl, sie würden ihre Potenziale nicht ausschöpfen, irgendetwas bremst sie innerlich. Viele Psychotherapeuten sagen, dass es eine diffuse Identität bei den heute 40- bis 50-Jährigen gibt. Viele empfinden sich als unstimmig – und nicht alles lässt sich aus der eigenen Biografie erklären.

Auch ich gehöre der Kriegsenkel-Generation an. Beim Lesen des Buches von Sabine Bode fühlte ich mich angesprochen und erkannt. Es half mir, die Geschichte und die Erlebnisse meiner Familie, meiner Eltern und Großeltern und darüber hinaus mich selbst besser zu verstehen, wofür ich äußerst dankbar bin.

Wie sieht es bei dir aus? Sicherlich hast du dir schon einmal die Frage gestellt, inwieweit die Erfahrungen deiner Eltern und Großeltern noch heute auf dich einwirken. Hast du manchmal das Gefühl einer inneren Leere oder einer Heimatlosigkeit, ohne zu wissen woher/warum? In welchen Bereichen deines Lebens fühlst du dich unfrei, stehst auf der Bremse und hast vielleicht diffuse Ängste, ohne zu wissen, warum? Bemerkst du wiederkehrende Schwierigkeiten in der Partnerschaft, weil du gewisse Verhaltensweisen an den Tag legst, die du dir nicht wirklich erklären kannst? Hast du das Gefühl, dass du von deinen Eltern abgenabelt bist, oder ist es eher so, dass du noch immer täglich die

Verbindung suchst, indem du mit deinen Eltern telefonierst und sonntags beim Mittagessen bei ihnen zu Hause bist?

Zusammenfassung

Du hast in diesem Kapitel erfahren, dass die Verehrung der Vorfahren über viele Jahrtausende hinweg ein elementarer Teil der Familientradition war und dafür gesorgt hat, dass Menschen in Großfamilien zusammengehalten haben und sich des Beistands und Schutzes ihrer Ahnen sicher sein konnten. Allerdings war dafür aus heutiger Sicht ein hoher Preis zu bezahlen. Wer früher aus der Reihe tanzte, wurde ausgestoßen, und dies bedeutete den sicheren Tod. Denn die Zugehörigkeit zum Clan bedeutete Schutz und Sicherheit. Dafür musste die eigene Individualität geopfert werden. Dieses uralte Muster sitzt uns teilweise noch heute in den Knochen. So wagen es immer noch viele Menschen nicht, sich in ihrer Einzigartigkeit zu zeigen und anders zu sein als die Herde. Dies trifft besonders auf Frauen zu.

Durch die Ausbreitung des Christentums und der Lehre der katholischen und auch der evangelischen Kirche wurden die alten heidnischen Bräuche der Ahnenverehrung immer mehr verdrängt. Hinzu kamen im Mittelalter die Vorgaben im Hinblick auf das Heiraten, die dazu führten, dass die familienbasierten Gruppenstrukturen aufgebrochen wurden.

So haben diese Vorgaben und Verbote die Entwicklung typischer Merkmale wie Individualismus, Unabhängigkeit und eine geringe Gruppenkonformität, wie wir sie heute in unserer westlichen Gesellschaft vorfinden, gefördert. Auf diese Weise vollzog sich die Entwicklung vom Familienclan hin zu den Kleinfamilien.

Mit Beginn der Aufklärung um das Jahr 1700 sollten alle den Fortschritt behindernden Strukturen durch das rationale Denken überwunden werden. Dabei gab es auch entscheidende Anstöße zur Kritik von Religion und Kirche. Ziel war es, die Menschen aus Unwissenheit, Furcht und Abhängigkeit zu befreien. Die Zeit der Aufklärung war der Beginn der Demokratie - getragen von der Überzeugung der Freiheit und Gleichheit aller Menschen. Die Entwicklung hin zum Individuum nahm langsam immer mehr Fahrt auf. Durch die Erfindung des Buchdrucks konnte der Mensch zum ersten Mal Wissen, Nachrichten und Meinungen frei von der Kontrolle durch Kirche und Obrigkeit einer breiten Masse mitteilen. Dies beförderte langfristig große gesellschaftliche Umwälzungen.

Die Industrialisierung schaffte in der Breite materiellen Wohlstand, der früher nur wenigen Menschen möglich gewesen war. Und so standen die letzten zweihundert Jahre ganz im Zeichen einer materialistisch orientierten Kapital- und Konsumwirtschaft. In dieser Zeit sank der Geist so tief in die Materie, dass einige Menschen versucht waren, im Wahn das Ideal einer menschlichen »Rasse« zu definieren und davon abweichende zu eliminieren.

Seit den 1980-ern weht ein anderer Wind. Ein Bewusstseinswandel ist im Gange, Veränderungen werden allerorts spür- und mittlerweile auch sichtbar. Neue Wissenschaften, wie die Quantenphysik, die Epigenetik, die Molekularbiologie und viele andere, treten mit ihren Forschungsergebnissen nach außen an die breite Öffentlichkeit und vermitteln uns ein völlig anderes Weltbild. Nicht mehr viel von dem, was wir einst glaubten und dachten, stimmt noch. Wir dürfen vieles hinterfragen, was bislang für uns Gültigkeit hatte und uns Sicherheit vermittelte.

Neue Themen wie Wellness, Achtsamkeit und Meditation, um nur einige zu nennen, gelangen in den Mainstream. Große Konzerne bieten für ihre Mitarbeiter Achtsamkeitstrainings an, und Yogaschulen sprießen wie Pilze aus dem Boden. Die modernen Wissenschaften nähern sich mit ihren Forschungen dem Geistigen, dem Spirituellen an. Bereits vor rund hundert Jahren schrieb Max Planck (1858–1947), ein deutscher Physiker: »Es gibt keine Materie, sondern nur ein Gewebe von Energien, dem durch intelligenten Geist Form gegeben wurde.« Und sein Kollege Werner Heisenberg (1901–1976): »Ein Schluck aus dem Becher der Wissenschaft macht atheistisch, aber am Boden findet sich Gott.«

Und so entkommt der Geist allmählich wieder dem Kerker der Materie und seiner Erniedrigung. Erlauben wir unserem Geist, seine Flügel auszubreiten, sich emporzuheben und sich über Zeit und Raum auszudehnen, werden auch wir unser Haupt wieder erheben, uns auf- und ausrichten auf das, was größer ist als wir. Im Bewusstsein unserer Einzigartigkeit und unseres göttlichen Wesens werden wir uns erinnern, dass wir angetreten sind, es ihm gleichzutun. Und so ist jetzt die Zeit für eine neue Verbindung mit unseren Ahnen, die keiner äußeren Riten und Handlungen mehr bedarf. Vielmehr ist es ein inneres Erwachen und ein Erfahren der Verbundenheit, frei von den ehemaligen Dogmen.

So, wie früher die Verbote und Begrenzungen der Kirche den Boden für die Entwicklung der Individualisierung des Menschen gelegt haben, so sind es heute die neuen Wissenschaften, die uns die Verbindung mit unseren Ahnen auf eine moderne Art und Weise verständlich machen. Im Schulterschluss mit der Spiritualität und den schamanischen Praktiken gelingt über die reine Erkenntnis hinaus auch die Befreiung von den ererbten Lasten und den Verstrickungen mit den Vorfahren.

So ist die Beschäftigung mit unserer Herkunft ein Schlüssel, mit dem wir einen neuen Zugang zu bislang ungeklärten Fragen unserer eigenen Identität finden. Gestärkt vom guten Erbe unserer Ahnen, ihren Stärken und Talenten erfahren wir mehr Sicherheit und eine größere Lebendigkeit und Tiefe im Leben.

Denn: Verbunden zu sein heißt, lebendig zu sein. Und lebendig zu sein heißt, in ständiger Entwicklung und Wandlung zu sein. Dann beginnen wir langsam zu ahnen, was aus uns werden kann. In einem Interview hörte ich Gerald Hüther, Professor für Neurobiologie, einmal sinngemäß sagen, dass erst mit der Integration der Spiritualität das Anliegen der Aufklärung erfüllt sei, die vollständige Mündigkeit des Menschen in allen Bereichen.

KAPITEL 3

Unsere Ahnen – das natürliche Fundament im Leben

»Wer seine Vergangenheit nicht befriedet und ehrt, verwehrt sich ein gesundes Wachstum.«

Bianka Maria Seidl

Als im Jahr 2007 der Sturm »Kyrill« über Mittel- und Osteuropa fegte, brachte er Tausende Bäume zu Fall. In den Wäldern herrschte gewaltiges Chaos. Dabei wurden vor allem jene Bäume entwurzelt, die in irgendeiner Form bereits geschwächt gewesen waren, sei es durch einen schlechten Standort, durch Borkenkäfer, Trockenheit oder durch Monokulturen. Ähnlich ergeht es auch Menschen, die schlecht verwurzelt sind, oder deren Verbindung zu ihren Ahnen geschwächt ist. Sie haben nicht genügend Kraft, um den Stürmen des Lebens standzuhalten.

Gerade jetzt, wo die Evolution ein neues Zeitalter einläutet, weht ein rauerer Wind. Alles, was dem Leben und seiner Weiterentwicklung nicht mehr dient, kommt auf den Prüfstand. Die äußeren Sicherheiten wanken und brechen teilweise ganz weg. Viele Menschen sind verunsichert, orientierungslos und voller Zukunftsangst.

Auf diesem Entwicklungsweg, der meist durch Krisen oder auch Schicksalsschläge eingeleitet wird, werden die Menschen auf sich selbst zurückgeworfen. Während einer längeren Phase fühlen sie sich hilflos, allein gelassen, manchmal sogar einsam und als Opfer der Umstände. Doch der Schein trügt. In Wahrheit sind wir nie allein. Wir sind auch keine Opfer der Umstände. Vielmehr dienen diese äußeren Gegebenheiten unserer inneren Entwicklung. Es gilt, bereitwillig den Widerstand gegen das, was ist, aufzugeben und es als Aufforderung anzusehen, aus dem bisher Bekannten und Vertrauten herauszutreten und sich vertrauensvoll dem Ungewissen zu stellen und das Leben zu meistern.

Die meisten Menschen fühlen sich durch ihre Zugehörigkeit zur Masse sicher. Hier haben sie bislang auch Orientierung gefunden. Doch jetzt geht es darum, diese Qualitäten vermehrt in sich selbst, im wahren Selbst zu finden. Auf diesem inneren Weg entdecken wir, was Orientierung schenkt und Richtung weist – unsere innere Autorität. Einmal entdeckt und erfahren kann sie uns als wertvoller Kompass auf unserem weiteren Lebensweg dienen. Aus dieser Perspektive heraus wird klar, wie wichtig es ab diesem Entwicklungsstadium ist, dass wir uns von all dem lösen, das der Entfaltung unseres individuellen Potenzials im Weg steht. Alle althergebrachten Normen und selbstbegrenzenden Konditionierungen, die längst überholt sind, dürfen nun erkannt und über Bord geworfen werden. Auf diesem Entwicklungsweg kommen wir deshalb nicht daran vorbei, uns auch mit unserer Herkunft auseinanderzusetzen. Unsere Wurzeln zu klären und uns dabei von den ererbten Lasten unserer genetischen Konditionierung zu befreien, dient unserer weiteren Entwicklung. Wenn unsere Herkunft und damit auch die Vergangenheit befriedet sind, erfahren wir den Kraftstrom unserer Sippe als Rückhalt und als Inspiration und Weisung für unseren ureigensten Weg.

Lass uns nun die Basis unserer Herkunft, unsere Familie, anschauen. Alles, was wir mit unseren Augen sehen können, ist lediglich die äußere, die physische Form. Jede äußere sichtbare Form hat immer auch einen unsichtbaren Teil. So, wie jeder Mensch einen sichtbaren Teil, seinen Körper, hat, so sind ihm auch unsichtbare Teile zu eigen – sein Geist und seine Seele. Die Familie bildet die offensichtliche Basis des menschlichen Lebens und damit auch die Grundlage der menschlichen Gesellschaft. Das ist der wahrnehmbare, der sichtbare Teil. Unsere Ahnen bilden das unsichtbare Fundament, das uns weitaus mehr beeinflusst, als wir uns das bislang vorgestellt haben. So reichen unsere Wurzeln weit über unsere Eltern hinaus. Wie ein Baum von seinen Wurzeln genährt wird und durch sie starken Halt findet, so erfahren auch wir durch die unsichtbare Verbindung mit unseren Ahnen Rückhalt und Sicherheit.

Aufgrund unserer Entwicklung in den vergangenen Jahrhunderten haben wir die Verbindung mit unseren Vorfahren aus den Augen verloren. Doch das Leben ist immer auf Ganzheit aus, auch wenn es zuweilen so aussieht, als würde die Umwelt und alles Lebenswerte den Bach runtergehen. Dies liegt daran, dass wir das Leben aus einem sehr engen und zeitlich begrenzten Blickwinkel heraus betrachten und Zeiträume an der Dauer eines menschlichen Lebens bemessen. Du erinnerst dich an das Bakterium *Cyanobacteria,* das nicht »wusste«, wozu es diente und welchen

Sinn seine Existenz hatte? So ist dies auch bei den meisten Menschen, die derzeit noch schlafen, wenngleich nicht mehr so tief wie noch vor einigen Jahrzehnten. Alles, was jemals geschehen ist, hat zur Weiterentwicklung des Lebens beigetragen. Das gilt auch für jeden Menschen, für jedes Volk und für die Menschheit als Ganzes.

In den letzten zwei Jahrhunderten haben sich unsere sozialen Gefüge drastisch verändert. Sippe und Großfamilien schrumpften auf Kleinfamilien zusammen, sodass die enge Verbindung zwischen den Generationen fehlt. In vielen Familien gibt es keinerlei familiären Zusammenhalt mehr. Da ist es mehr als verständlich, dass die Ahnen auch nicht mehr im Bewusstsein verankert sind. Vielmehr werden sie oft einfach ignoriert. Schwierige Erfahrungen im Elternhaus animieren junge Menschen nicht gerade dazu, sich mit den eigenen Ahnen näher zu beschäftigen. Dennoch ist die Verdrängung der eigenen Wurzeln und Geschichte kein brauchbarer und gangbarer Weg. Denn: Wenn wir schon nicht wissen, wohin wir gehen, sollten wir wenigstens zu ergründen versuchen, woher wir kommen, um zu ahnen, wo wir stehen, schrieb sinngemäß einst Johann Wolfgang von Goethe (1749–1832) im Faust I, Vers 682 f.

Es braucht in dieser Zeit eine neue Form der Rückbindung zu unseren Ahnen, zu unseren Wurzeln, über die wir Halt und Sicherheit in uns selbst finden. Auf diese Weise gelingt es uns von innen heraus, unseren bestmöglichen Beitrag zu erbringen und ausgleichend zu wirken in dieser turbulenten Zeit.

Brüchiges Fundament – schwache und fehlende Wurzeln

»Wer sich von seinen Wurzeln getrennt hat, treibt wie ein Segelschiff ohne Segel auf dem offenen Meer.«

Bianka Maria Seidl

Viele Menschen fühlen sich schwach verwurzelt. Andere wiederum sind völlig entwurzelt. Was bedeutet das konkret? Wann ist ein Mensch schwach verwurzelt oder gar entwurzelt? Ich mache in meiner Arbeit mit Menschen die Erfahrung, dass schwach verwurzelten Menschen die Erdung fehlt. Sie leben viel im Kopf, denken meist zu viel, fühlen wenig und erfahren die Welt überwiegend kognitiv. In einer gewissen Weise sind sie von sich selbst entfremdet. Sie nehmen ihren Körper und ihre Körperempfindungen nur begrenzt wahr; Gefühle, vor allem die unangenehmen, werden verdrängt. Stattdessen laufen zahlreiche Ersatzprogramme. Dass diese Menschen dabei nur ein kleines Spektrum ihres Potenzials ausleben, ist ihnen zumeist nicht bewusst. Der Alltag wird dann schnell grau, und so müssen die Kompensationsmittel immer stärker werden. Irgendwann übergibt die Seele an den Körper den Auftrag, den Menschen über Krankheit zur Besinnung zu bringen. Überwiegend im Kopf zu Hause zu sein, geht immer auf Kosten von Lebendigkeit. Denn Leben ist mehr als nur Verstandeskraft. Während der kühle Verstand berechnet, urteilt und trennt, verbinden uns Gefühle, mit anderen Menschen, mit unserer Seele und mit dem Leben.

Schwach verwurzelte Menschen haben sehr oft Probleme mit ihrer Herkunftsfamilie. In der frühen Kindheit war vielleicht ein Elternteil nicht präsent, ist vielleicht sogar verstorben – wie in meinem Fall. Vielleicht wurden in der Kindheit Erfahrungen gemacht, die so schmerzhaft waren, dass sie verdrängt werden mussten, um das Überleben zu sichern. In diesem Fall wurden die damit einhergehenden Gefühle des Leids, der Ohnmacht und der Trauer abgekapselt und irgendwo im Körper gespeichert, wo sie sich später im Leben schmerzhaft in Form von starken Verspannungen bis hin zu Krankheiten bemerkbar machen.

Woher kommt es, dass Menschen sich von ihren Wurzeln abgeschnitten fühlen? Wie erwähnt, haben sich die sozialen Gefüge deutlich verändert. Der fehlende Halt in der Familie bringt junge Leute dazu, sich in Gruppen zusammenzuschließen. Hier verbinden die gemeinsamen Ideale und schaffen so oftmals eine neue geistige Heimat, die Halt gibt, wenn die Gesinnung der Gruppe förderlich ist. Nicht immer gelingt dies. Zum anderen entsteht ein tiefes Gefühl von Entwurzelung zum Beispiel bei den sogenannten Findel- oder Klappenbabys. Hierbei handelt es sich um inzwischen erwachsen gewordene Menschen, die einst von ihrer Mutter verlassen, etwa in einer Babyklappe abgegeben und somit von anderen Menschen adoptiert wurden. Diese Menschen können später selten eine eigene, stabile Identität entwickeln. Auch eine territoriale Vertreibung oder Flucht, wie sie millionenfach zum Beispiel in den Weltkriegen und auch heute geschehen ist und geschieht, kann eine Entwurzelung beim Menschen bewirken. Und, wie wir nun wissen, enden diese tiefen Erfahrungen nicht mit dem Tod des Betroffenen.

Weitere Ursachen für das Fehlen gesunder Wurzeln können sein:

- Früher Verlust eines oder beider Elternteile, vor allem in sehr jungen Jahren
- Verlust von Geschwistern bei Abgang, Abtreibung oder Totgeburt

- Wenn das Kind unerwünscht war
- Wenn das Kind abgetrieben werden sollte
- Wenn das Kind ein »Kuckuckskind« war – wissentlich oder unwissentlich nicht das leibliche Kind des vermeintlichen Vaters
- Der Tod der Mutter im Kindbett (bis in die 7. Ahnenreihe zurückliegend)
- Vertreibung, Flucht, Auswanderung direkter Vorfahren (bis in die 7. Ahnenreihe zurückliegend)
- Verlust von Generationenerbe (Bauernhof, Fabrik, Weingut etc.)
- Wenn ein Kind oder direkte Ahnen aus einer Vergewaltigung hervorgegangen sind

Rückhalt und Halt – Haltung und Haltlosigkeit

Zu den typischen Verhaltensweisen und Gefühlen entwurzelter Menschen gehört, dass ihnen oft Rückhalt und dadurch auch ein innerer Halt fehlen. Viele Betroffene sind unmotiviert und willensschwach, fühlen sich tief in ihrem Innersten unbedeutend und geben leicht nach. Auch ein Gefühl der Bodenlosigkeit ist typisch für entwurzelte Menschen. Sie scheuen davor zurück, sich in ihrem Leben etwas aufzubauen, zu groß ist die gefühlte innere Unsicherheit. Im Grunde genommen fehlt es entwurzelten Menschen an Urvertrauen, dem Vertrauen ins Leben.

Menschen mit schwachen Wurzeln fühlen sich des Weiteren in Konfliktsituationen leicht angegriffen. Sie reagieren unbeherrscht. Es fällt ihnen schwer, einen eigenen Standpunkt einzunehmen und diesen auch zu vertreten. Ohne festen Stand und inneren Halt fehlt es ihnen an klarer Orientierung. Sie geben leicht nach, sind unmotiviert, und ihre Willenskraft ist geschwächt. Es ist, als hätten sie kein Rückgrat. Charakterlich wirken sie schwach, unsicher, schwanken innerlich ständig hin und her und tun sich mit Entscheidungen sehr schwer. Sie sind leicht zu beeinflussen, und nicht selten neigen sie dazu, leichtsinnig zu sein. Was ihre Gesundheit anbelangt, so fehlt es ihnen an Widerstandskraft und innerer Stärke. Sie sind leicht anfällig für Krankheiten verschiedenster Art. Ihr Zustand ist labil und kränklich. Sie ermüden schnell und fühlen sich oft überlastet, kraftlos und erschöpft.

Menschen, die eine schwache bis keine Verwurzelung verspüren, fühlen sich nie oder selten zugehörig, gleich zu welchen Gruppen. Selbst in einer Partnerschaft fühlen sie sich mehr oder weniger allein und leer. Sie erleben ihre Kinder als Fremde, obwohl sie sie lieben. Sie haben das Gefühl, ihr Leben von außen zu betrachten, als würden sie neben ihrer Spur laufen. Sie fühlen sich nirgends richtig zu Hause und haben womöglich schon viele Umzüge hinter sich. Menschen ohne Wurzeln drehen sich wie ein Fähnchen im Wind und zweifeln oft an sich selbst. Sie begeben sich gern in Abhängigkeit, brauchen sie doch jemanden, der ihnen sagt, wo es langgeht. Im Extremfall haben sie eine gewisse Tendenz, sich zu unterwerfen. Entwurzelte oder auch schwach verwurzelte Menschen fehlt die Kraft für eine klare Aus- und Aufrichtung im Leben. Um Ziele konsequent zu verfolgen und Träume zu verwirklichen, braucht es starke, gesunde Wurzeln, die inneren Halt und Sicherheit schenken.

Wie das Skelett die Struktur für unseren physischen Körper bildet, damit wir aufrecht stehen und gehen können, so verleihen unsere Ahnen uns eine innere, eine geistig-seelische Struktur. Wie wichtig Struktur ist und wodurch sie beeinflusst wird, zeigte uns der bereits verstorbene japanische Wissenschaftler Masaru Emoto (1943–2014). Er begann Mitte der 1980er-Jahre, die energetische Struktur des Wassers zu erforschen. Er fotografierte erstmals die Kristalle von gefrorenem Wasser. Unter schwierigsten Bedingungen entstanden atemberaubende Aufnahmen. So wies er mit seiner Erforschung der Wasserkristalle auf beeindruckende Weise nach, dass die Information und Schwingung von Liebe Struktur und Ordnung erzeugen und dass Lieblosigkeit Hass, die Zerstörung von Strukturen und einen Verfall herbeiführen können. Entwurzelten und Menschen mit schwachen Wurzeln mangelt es an innerer Struktur und somit an dem Stoff, der die Welt zusammenhält. Es ist letztendlich die Liebe, die alles miteinander verbindet. Solange wir uns vom Rest der Schöpfung getrennt fühlen und diese Illusion nicht erkennen, leben wir in einer unsichtbaren Blase, die verhindert, dass der Quell des Lebens uns nährt und wir uns geliebt und gesegnet fühlen, einfach weil wir sind. Erst wenn wir uns dieser Illusion bewusst werden, platzt diese Blase, und wir werden geistig neu geboren. Dieser Vorgang ist ähnlich unserer physischen Geburt, mit dem Unterschied, dass er auf der geistig-seelischen Ebene geschieht.

Stärke aus der Familie ziehen

Die Kraft unserer Ahnen, ihre Stärken und ihre Weisheit können uns enorme Dienste leisten, wenn wir uns dieser Verbindung bewusst zuwenden und sie in uns neu beleben. Vergangenheit, Gegenwart und Zukunft sind durch eine Kraftquelle miteinander verwoben. Unsere Familie und unsere Sippe sind, ob uns das passt oder nicht, eine Quelle der Kraft. Unsere Geschwister, unsere Eltern und unsere Ahnen sind jene Kraftlinien, die sich in uns verbinden, die in uns leben und die durch uns auch weitergegeben werden. Fließt diese Quelle, fallen viele Probleme, mitunter auch Krankheiten, einfach von uns ab. Doch bei vielen Menschen ist diese Quelle nicht mehr frei zugänglich. Statt sich auf die eigene

Quelle der Kraft in ihrem Inneren zu besinnen und die Schwellen zu beseitigen, die den Kraftfluss behindern, suchen viele im Außen danach. Dies hat vielfältige Erscheinungsformen. Die einen reisen auf andere Kontinente, um dort Kraftplätze aufzusuchen, wieder andere überqueren, so wie ich, den Atlantik, unbewusst auf der Suche nach den eigenen Wurzeln. Andere wandern von Partnerschaft zu Partnerschaft, ohne sich bewusst zu sein, dass sie in jedem Partner die Verbindung zu ihrer Kraftquelle suchen und folglich immer wieder enttäuscht werden.

Fragen wir uns daher: Wie gelingt es uns, diese Quelle ins Fließen zu bringen, sodass wir wieder vollends genährt werden? Wir wissen, dass wir unseren Körper mittels Nahrung, Bewegung und Schlaf sowie dem Wechsel zwischen Aktion und Ruhe nähren. Auf der geistig-seelischen Ebene braucht es jedoch andere Energieeinheiten, um wieder aufzutanken. Nehmen wir hierfür das Bild einer Batterie: Sie wird aufgeladen, indem sie an zwei Pole, einen Plus- und einen Minus-Pol, angeschlossen wird. Dazwischen existiert ein hohes Spannungsgefälle. Aus diesem Gefälle heraus erwächst die Kraft. Gemäß dem Gesetz der Entsprechung – wie im Kleinen, so auch im Großen – ist das auch bei unserer Seele so, nur dass hier der Pluspol männlich und der Minuspol weiblich ist. Schließlich hat auch unser Körper eine Polarität – es gibt eine rechte und eine linke Körperhälfte.

Bei der Batterie fließen im Ladevorgang elektrisch geladene Teilchen, Ionen genannt, von der einen zur anderen Seite. Ebenso verhält es sich im menschlichen Körper und auch auf der Ebene der Seele. Als der Wiener Psychoanalytiker Sigmund Freud (1856–1939) sich diesem seelischen Energiefluss näherte, nannte er ihn »Libido«. Nehmen wir also einmal an, die Libido sei dieser seelische Energiefluss, in dem kleine Teilchen wie die Ionen fließen. Nennen wir sie der Einfachheit halber »Seelen-Ionen«.

Jetzt stellen wir uns folgende Fragen:

- Gibt es bei den Seelen unterschiedliche Energiegefälle und -potenziale?
- Kann die Energie der Seele sich erschöpfen, wie es beim Körper der Fall ist?
- Wenn ja, wie geschieht das? Welche Ereignisse führen dazu?
- Gibt es Lademöglichkeiten, um die Seele wieder mit Energie aufzufüllen?

Ab der Geburt hat jeder Mensch ein gewisses Grundreservoir an Energie zur Verfügung. Dieses Energieniveau seiner Seele kann nicht erhöht werden. Aber der Mensch kann sehr wohl unter seinem Energieniveau leben. Vergleichen wir dies wieder mit einer Batterie. Eine Drei-Volt-Batterie wird keine 6 Volt liefern, vielmehr sind die 3 Volt schon die 100 Prozent. Jedoch ist es möglich, mit einer 3-Volt-Batterie lediglich eine 1,5 Volt-Spannung zu erzeugen.

Ebenso verhält es sich beim Menschen. Die meisten von uns leben nicht die Kraft, die auf ihrer »Verpackung« steht. Ihr Ladezustand ist meist wesentlich niedriger. In diesem Fall verfehlt offensichtlich ein größerer Teil der »Seelen-Ionen« ihr Ziel, sodass die Seele nicht richtig geladen werden kann. Damit läuft sie auf Reserve im Zustand der Erschöpfung.

Aber wer oder was ist das »Ladegerät« für unsere Seele? Und woher kommt der Fluss der »Seelen-Ionen«?

Nun, es sind Vater und Mutter, die Repräsentanten des Männlichen und Weiblichen, die als Energiewesen mit dieser Ladung das Fundament für die Lebenskraft eines jeden Menschen schaffen. Die Kraftlinien von Vater und Mutter verbinden sich in uns, leben in uns – auch über deren Tod hinaus. Sie speisen als Plus- und Minuspol den Kraftfluss unserer Seele. Als Energiegeber sind sie in der Lage, die Lebensbatterie der Kinder mit genügend Lebenskraft zu versehen. Es liegt jedoch auch am Energienehmer, ob er bereit ist, die Verbindung zur Ladestation aufrecht zu halten und ob er die Energie, die er bekommt, auch willkommen heißt.

Als ich vor einigen Jahren in Indien bei einem Schweige-Retreat war, habe ich viel Interessantes in puncto »seelische Ladestation Eltern« erfahren. So steht in den Vedischen Schriften, dass eine gestörte Mutter-Kind-Beziehung oftmals zu Krankheiten und vielen anderen Widrigkeiten im Leben führen kann. Ist hingegen die Vater-Kind-Beziehung beeinträchtigt, bedeutet dies, dass der Erfolg im Leben schwer erkämpft werden muss oder sogar ausbleiben kann – die schöpferische männliche Energiezufuhr ist dann blockiert; es herrschen Selbstzweifel, Verlust- und Versagensängste, und es fehlt an Vitalkraft. Diese Störung in der Beziehung kann auf vielfältige Art und Weise entstanden sein. Fest steht jedoch in jedem Fall, *dass* der energetische Austausch gestört ist.

Doch wir müssen noch weiter ausholen, denn auch Vater und Mutter waren einmal Energienehmer – ebenso die Großeltern. Bereits hier ergaben sich Verwicklungen und Schwachstellen im Kraftfluss der Seele. Es kann also sein, dass die Ursache für eine vorliegende Störung bereits durch die Generationen hindurch innerhalb der Sippe vorgezeichnet ist. Hier finden wir das Phänomen des »Generationen-Symptoms«. Die seelischen Energien werden ununterbrochen durch die Generationen hindurch weitergegeben und damit auch die Verwicklungen und Verstrickungen, die auftreten, wenn entweder das Geben oder auch das Nehmen nicht auf natürliche Weise geschieht und stattdessen Widerstände den natürlichen Energiefluss verzerren, hemmen und ihn sogar blockieren.

Diese Energieprobleme zeigen sich in Form eines lebensverneinenden Geistes, als dunkle Flecken im Energiefeld des Menschen. Immer dort, wo sich ein *Nein* in der Seele befindet, ist das ein Widerstand gegen etwas und jemanden, der den Energiefluss bremst und dabei einen Großteil der Lebenskraft aufzehrt. Diese, durch negative Gedanken erzeugte Wesen innerhalb einer Sippe suchen sich bei nachfolgenden Generationen einen Träger, der von solch einem Ausgangsproblem nicht die leiseste Ahnung hat, geschweige denn, dass er davon weiß, da die Ursache viel weiter zurückliegt. Zum Glück geht nie etwas verloren, da im Unterbewusstsein alles gespeichert ist. Hier kann der Zugang zur Ursache gefunden und auch gelöst werden. Der deutsche Benediktinerpater und Schriftsteller Anselm Grün schreibt in seinem Buch »Wurzeln – Festen Halt im Leben finden« sinngemäß: »Seinen Platz im Leben zu finden, sich geborgen zu fühlen und seiner selbst bewusst sein. Wer seine Wurzeln kennt, der weiß, was sein Lebensbaum braucht, um in seine ganz eigene Gestalt hineinzuwachsen. Wer jedoch ziel- und planlos umherirrt, kann in sich auch nichts entwickeln. Er wird überall etwas anfangen, jedoch nichts zu Ende bringen.«

Überall nur zu nippen macht nicht satt und tut der Psyche nicht gut. Früher oder später melden sich von tief innen Gefühle der Unzufriedenheit und des Unerfülltseins. Menschen, die von ihren Wurzeln abgeschnitten sind, fehlt etwas Grundlegendes im Leben. Sie finden nicht in die Kraft, die erforderlich ist, um ihre Potenziale zu entfalten und ihr Leben damit erfolgreich zu meistern.

Ich lade dich ein, dir Zeit zu nehmen und dir nachfolgende Fragen zu beantworten:

- Wie ist das bei mir?
- Wie empfinde ich die Verbindung zu meinem Vater, zu meiner Mutter?
- Wie viel meiner potenziell vorhandenen Lebenskraft lebe ich?
- Welche Schwellen verhindern, dass ich mein volles Kraftpotenzial lebe?
- Was kann ich tun, um diese Schwellen zu beseitigen?

Gehe mit diesen Fragen ein paar Tage schwanger. Vertraue darauf, dass diese Fragen dein Inneres anstoßen, sodass in dir die Antworten aufsteigen.

Wir haben bereits alles in uns, was wir für ein erfülltes Leben brauchen. Unsere Gaben sind Auf-Gaben. Sie gilt es zu entdecken und zu entfalten, und dazu braucht es eine starke Basis. Unsere Ahnen sind unser natürliches Fundament, und dessen dürfen und sollen wir uns wieder bewusst werden. Diesen Verbindungen in uns nachzuspüren und sie wieder zu beleben stärkt uns von innen heraus, und wir vermögen ihren Rückhalt und Segen, aber auch ihre Bestimmtheit zu spüren.

Es gilt daher Frieden zu schließen mit der eigenen Herkunft, mit seiner Familie und auch mit seinen Ahnen der letzten sieben Generationen. Dazu braucht es ein beherztes JA, ein vollständiges JA zur eigenen Biografie, zur Vergangenheit, so, wie sie sich gezeigt hat, mit all ihren Herausforderungen, Schwierigkeiten und Problemen. Erst dieses vollständige JA bringt den so heiß ersehnten tiefen, inneren Frieden mit sich selbst, mit der Herkunft und auch mit der Welt.

Fantasiereise

Ich lade dich jetzt ein, eine kleine Reise zu machen und dafür deine Vorstellungskraft zu benutzen. Albert Einstein hat gesagt, dass Fantasie wertvoller sei als Wissen. Die Vorstellungskraft ist ein schöpferisches Werkzeug. Damit kreieren wir neue Wirklichkeiten. Wieder einmal nehme ich Bezug zur Natur. Bist du bereit? Dann schließe deine Augen.

★ Stelle dir einen starken, großen Baum vor.

★ Gehe in deiner Fantasie auf diesen Baum zu. Es kann ein Baum sein, den du bereits kennst, oder ein Baum, der plötzlich vor deinem inneren Auge auftaucht.
Lehne dich an seinen starken Stamm an. Spüre das Leben in diesem Lebewesen und verbinde dich mit seiner Energie.

★ Spüre diesen Baum in dir immer stärker, werde durchlässig und werde zu diesem Baum. Spüre, wie seine starken Wurzeln dir Nahrung, Halt und Stabilität schenken und du so einen starken, stabilen Stamm - dein ICH - entwickelt hast.

★ Spüre weiter, dass deine Äste und Zweige sich weit hinaufrecken und eine mächtige Krone bilden, die bis zu den Wolken reicht. Die starken Wurzeln ermöglichen dir, dich zu dem großen, wundervollen Baum zu entwickeln, der in dir, in deiner DNA bereits angelegt ist - deine Bestimmung.

★ Deine Wurzeln reichen so tief in die Erde, wie deine Krone in den Himmel ragt.

★ Spüre, wie dich die Kraft aus deinen Wurzeln nährt, dir Halt schenkt und Haltung ermöglicht und so für deine Entfaltung sorgt.

Wie war das für dich? Konntest du dich auf diese kleine Reise einlassen? Wenn ja, hast du die Kraft in deinen Wurzeln gespürt und den starken Halt? Wenn du tiefer in solch eine Reise einsteigen magst, dann empfehle ich dir die geführten Innenreisen in meinem Audio-Ratgeber »Schamanische Ahnenarbeit« (→ Seite 196). Dabei entdeckst du deinen ganz eigenen Lebensbaum und erfährst seine und deine individuelle Kraft und Energie. Du findest die Informationen zur Bezugsquelle im Anhang des Buches. In unserer modernen westlichen Kultur ist uns die tiefe Verbindung zu unseren Wurzeln verloren gegangen. Wir sind uns ihrer nicht mehr bewusst, und so fehlt es uns an innerem Halt und Sicherheit. Als Menschen unseres Kulturkreises sind wir auf uns allein gestellt. Es ist die Zeit der Individualisierung, in der es darum geht, dass sich der Mensch von der Identifizierung mit der Masse ablöst, um seine Einzigartigkeit zu entdecken und selbstbestimmt sein Leben zu führen. Sobald das innere Gold entdeckt und die Gaben als Aufgaben erkannt wurden, gilt es zurückzukehren in die Gemeinschaft, um damit zu dienen, die Gaben zu teilen und damit das Leben der Menschen und der Gesellschaft zu bereichern.

Die Individualisierung war in Zeiten von Großfamilien und Familienclans nicht möglich. Wer aus der Reihe tanzte, wurde ausgeschlossen, was in früheren Zeiten oft den sicheren Tod bedeutete. So ist eine tiefe Überzeugung entstanden, die lautet: Bin ich anders, bin ich tot. Auch heute steckt sie uns tief in den Knochen und erschwert oder verhindert sogar, dass wir uns auf den Weg machen, unsere Einzigartigkeit zu entdecken und unser individuelles Potenzial zu entfalten. Damals stand Zusammenhalt an oberster Stelle in der Werte-Hierarchie unserer Vorfahren. Für jedes Problem wurde gemeinsam eine Lösung gesucht. Mittels Ritualen haben sich die Menschen damals mit ihren Ahnen verbunden; sie wurden von einer Generation an die nächste weitergegeben.

In der heutigen Zeit der Individualisierung sollten wir uns fragen: Wie können wir uns der Verbundenheit mit unseren Vorfahren wieder bewusst werden und das Vertrauen in diese Verbindung stärken? Wie spüren wir die Stärken unserer Vorfahren, und wie können wir sie nutzen auf unserem individuellen Weg? Wie finden wir in einer immer komplexer werdenden Welt unseren richtigen Platz? Wie finden wir in unsere ganze Kraft und wahre Größe?

In eine bewusste Verbindung mit den Ahnen finden

Im Unterschied zu früheren Zeiten braucht es für diese bewusste Verbindung keine aufwendigen Rituale mehr. Vielmehr geht es darum, unsere geistig-seelischen Kräfte zu entwickeln und dabei unseren Geist aus der materialistischen Welt- und Selbstsicht zu befreien. Alles, was wir brauchen, um die Verbindung wieder ins Bewusstsein und somit auch in die Erfahrung zu bringen, sind unsere Absicht und unsere Aufmerksamkeit. Über unsere Absicht lenken wir den Geist auf die Verbindung mit dem Ahnenfeld; dabei dehnt sich der Geist über Raum und Zeit hinaus aus. Das hat er schon immer getan, wie du im ersten Kapitel lesen konntest. Die Lebensenergie folgt der Aufmerksamkeit und bewirkt, dass die Verbindung lebendig wird. All das findet in unserem Bewusstsein, in unserer Innenwelt, statt. Dafür braucht es im Außen kein großes Prozedere mehr.

Indem wir unseren Geist auf die Verbindung mit unseren Ahnen richten, uns mit unserer Herkunft aussöhnen und sie würdigen als das, was sie wahrlich ist – das Fundament in unserem Leben –, erfahren wir über diese Verbindung Halt, Sicherheit und Kraft für unsere Ausrichtung und für unsere Bestimmung. Wir kommen in uns an, gründen tief verwurzelt in uns, verspüren einen inneren Frieden, der uns Ruhe und Gelassenheit schenkt und dazu beiträgt, dass unser Leben gelingt.

Wie können die ersten Schritte zur Aussöhnung mit unseren Ahnen aussehen? Ich lade dich ein, dich auf die nachfolgenden Empfehlungen einzulassen und dich sowohl gedanklich als auch vor allem gefühlsmäßig damit zu beschäftigen, wahrzunehmen und die Veränderungen zu beobachten.

Der Generationenstern

Nimm dir dafür Zeit und Raum und mache dir eine Skizze. Zeichne einen großen siebenzackigen Stern (z. B. auf ein DIN-A2-Blatt), wie auf der nachfolgenden Zeichnung dargestellt. Beachte dabei die Reihenfolge! Beginne bei den Eltern und gehe dann rückwärts zu den Großeltern und so weiter.

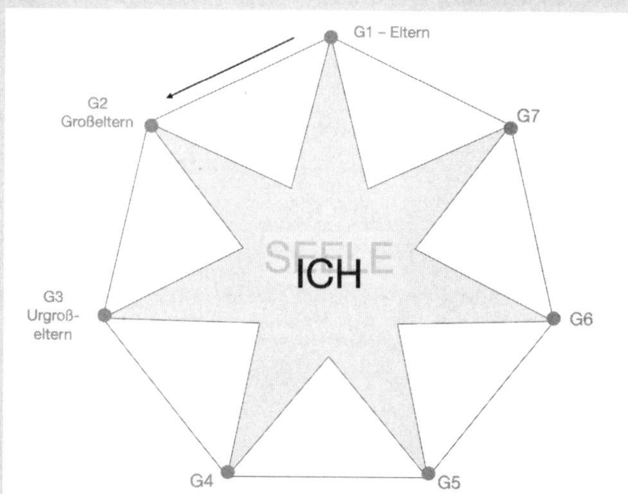

★ Betrachte nun deine Zeichnung. Mach dir bewusst, dass du deinem Ahnenfeld einen ersten sichtbaren Ausdruck verliehen hast.

- ★ Lege deine Zeichnung anschließend auf den Boden und stelle dich **vor** die Spitze der 1. Generation (G1).
- ★ Schließe deine Augen und nimm einige tiefe Atemzüge, um ganz im Körper anzukommen. Du gelangst tiefer ins Sein.
- ★ Anschließend stellst du dich **auf** das Blatt, dorthin, wo sich die Spitze der jeweiligen Generation befindet. Nimm nun fühlend Verbindung mit deinem Ahnenfeld auf. Spüre dabei in das Feld der jeweiligen Generation hinein, und nimm einfach wahr, was sich dir zeigt, ohne es zu bewerten. Vielleicht bemerkst du bestimmte körperliche Veränderungen, wie plötzlich auftretende Schwere in den Beinen oder eine Enge im Brustbereich. Vielleicht verspürst du Wärme oder auch Kälte. Nimm auch alle Gefühle wahr – egal ob positiv oder negativ – und akzeptiere, dass sie da sind. Wahrscheinlich wirst du bemerken, dass es sich dadurch entspannter anfühlt.
- ★ Bleibe mit deiner Aufmerksamkeit beim Ahnenfeld, den Körperempfindungen und den Gefühlen. Mach dir bewusst, dass du ohne deine Ahnen nicht hier wärest. Vielleicht kannst du dafür Dankbarkeit empfinden.
- ★ Schau im nächsten Schritt mit Verständnis und Wohlwollen auf deine Vorfahren, und nimm wahr, was sich verändert, wenn du mit deinem Herzen auf sie blickst. Bejahe die Verbindung zu deinen Ahnen. Dieses Ja ist ein Ja zu dir und ein Ja zum Leben. Gelingt es dir, verändert sich die Energie im Ahnenfeld und auch deine Energie – und vielleicht sogar dein grundlegendes Lebensgefühl.

Hinweis: Diese Übung findest du als angeleitete Innenreise in meinem Audio-Ratgeber (→ Seite 196).

Das Leben ist immer auf Ganzheit ausgerichtet. Wenn du dich zum Beispiel in den Finger schneidest, wirst du feststellen können, dass er nach einer Weile geheilt sein wird. Das Leben trachtet nach Heilung – und das bedeutet, ganz zu werden. Daher ist es wichtig, dass all das, was zu uns gehört, auch in unsere Seele integriert wird. Indem du deine Ahnen wohlwollend akzeptierst, sie annimmst, schenkst du ihnen einen Platz in deinem Herzen. Auf diese Weise befreist du dich von einem Gebundensein *an* die Vergangenheit zu einer liebevollen Verbundenheit *mit* der Vergangenheit. Diese Transformation festigt dein Fundament und bestärkt dein Wachstum und deine Weiterentwicklung. Das ist ein erster Schritt, wie du Frieden in deine Ahnenverbindung und damit auch in dein Leben und letztendlich auch in die Welt bringen kannst. Erinnere dich: Alles ist mit allem verbunden.

Gesellschaftliche Folgen

Nachfolgend möchte ich noch kurz die Auswirkungen von schwachen und fehlenden Wurzeln auf die Gesellschaft im Kontext der aktuellen Krisen aufzeigen. Die Probleme in der Welt, egal ob es sich dabei um das Klima, die Wirtschaft oder die Finanzen handelt, sind allesamt Krisen des Seins. Die Einseitigkeit, die wir in der äußeren Welt, in den Systemen und in unserem Lebensstil vorfinden, liegt in unserer Konditionierung und im Erbe unserer Vorfahren begründet. Wir nutzen überwiegend nur unsere kognitiven Fähigkeiten und vernachlässigen dabei das Fühlen und somit unsere emotionale Kompetenz. Wir leben in einer beschleunigten Zeit, angetrieben von der Technik. Dabei ignorieren wir die natürlichen Rhythmen, die seit Jahrmillionen das Leben im Kosmos bestimmen. Wir frönen der Herrschaft der technischen Errungenschaften, zugleich verkümmert unsere Seelenlandschaft sowie auch unsere Um- und Mitwelt.

Materiell gesehen sind wir Menschen der westlichen Welt reich. Wir leben teilweise sogar im Überfluss und sind dessen auch schon überdrüssig. In den geistig-seelischen Belangen herrscht jedoch oft Armut, die Seele vieler Menschen darbt. So verwundert es nicht, dass die psychosomatischen Krankheiten exponentiell steigen. Seelische Armut bedeutet Mangel an Lebendigkeit, an Verbundenheit, Mangel an Empathie, an Achtung vor dem Leben, Mangel an Erfüllung, an Gesundheit, Mangel an Empfindungsvermögen, an ganzheitlicher Handlungskompetenz und vor allem Mangel an Bewusstheit.

Fragen wir uns, was uns in diese seelische Armut getrieben hat, so wird schnell klar, dass sie bereits vor vielen, vielen Jahrhunderten begonnen hat. Indem die Seele Schritt für Schritt ignoriert, ja geradezu wegrationalisiert wurde, wie ich es in Kapitel 1 (→ Seite 11 ff.) schon ausführlich beschrieben habe, hat sich diese Verarmung seit der Industrialisierung immer mehr zugespitzt. Seit die Maschinen ins Spiel gekommen sind, versucht der Mensch, seine verdrängten wahren Bedürfnisse über die Einsparung von Zeit zu erfüllen. Wie oft hast du gehört oder auch gelesen: »Zeit ist Geld!« oder »Ich habe keine Zeit!«?

Zum Glück ist das Leben so intelligent angelegt, dass sich die Kräfte selbst immer wieder ins Gleichgewicht bringen. Du fragst dich, wie? Nun, ganz einfach - durch Krisen. Krisen entstehen, wenn sich die polaren Kräfte nicht mehr im Gleichgewicht befinden. Sicherlich sind dir Yin und Yang ein Begriff. Die alten Chinesen haben hier ein wundervolles Symbol, um das, was ich dir gerade veranschaulichen will, zu beschreiben. Zwischen den beiden Kräften, die sich anziehen und zugleich ergänzen, besteht ein ewiges Wandlungsspiel. Wird eine Kraft zu dominant, kippt das System und muss sich neu ausrichten. Dabei wird die alte Ordnung zerstört, sodass eine neue Ordnung auf einer neuen Ebene entstehen kann. Wir sehen das überall in der Natur, im Wechsel von Tag und Nacht, von Licht und Schatten und sogar beim Ein- und Ausatmen. Wir Frauen sind diesen Zyklen naturbedingt näher, schließlich obliegt es uns, das ungeborene Leben in uns für eine Weile zu nähren, bis es herangereift ist, um autonom leben zu können.

Die alten Chinesen haben für das Wort »Krise« ein Schriftzeichen, das zugleich auch die Bedeutung von »Chance« in sich trägt. Das ist wundervoll, wie ich meine. Denn letztendlich steckt in jeder Krise auch die Chance einer Erneuerung. Diejenige Kraft, die bislang zu kurz gekommen ist, gewinnt dabei an Bedeutung, wird stärker. So kann es zu einem gesunden Ausgleich der Kräfteverhältnisse auf einer neuen Ebene kommen. Das ist letztendlich evolutionäre Entwicklung. Der Ausgleich der polaren Kräfte auf einer erweiterten Bewusstseinsebene ermöglicht die Gesundung des Menschen und unserer Erde. So gilt es, die Seele wieder ins Leben zu integrieren und sich selbst sowie die Natur und ihre Geschöpfe wieder fühlend als lebendige Wesen wahrzunehmen. Dann ist es uns auch nicht mehr möglich, uns selbst, andere und die Natur auszubeuten. All das entspricht dem weiblichen Prinzip in der Schöpfung. Es geht um die natürliche weibliche Kraft, die jedem Menschen innewohnt. Es geht um die weiblichen Werte, die vermehrt gelebt werden sollen, es geht um Mitgefühl, um Verbundenheit, um Hege und Pflege der Mitmenschen und der Mitwelt, ohne unser Wohlergehen dabei aus den Augen zu verlieren. Mehr dazu habe ich in meinem neu veröffentlichen E-Book »Die Wiedergeburt der weiblichen Kraft« geschrieben.

Individuelles und kollektives Erbe

»Wohl dem, der seiner Väter gern gedenkt,
der froh von ihren Taten,
ihrer Größe den Hörer unterhält und, sich freuend,
ans Ende dieser schönen Reihe sich geschlossen sieht.«

Johann Wolfgang von Goethe, Iphigenie

So, wie du mit deiner Sippe und ihrem Erbe verbunden bist, so bist du es auch mit dem Erbe deines Volkes, mit dem Erbe deines Geschlechts als Mann oder Frau und sogar mit dem Erbe der gesamten Menschheit. Jede Sippe, jede Region, jede Nation, jedes Geschlecht und sogar die gesamte Menschheit ist über ein eigenes morphogenetisches Feld organisiert. Du erinnerst dich: Der englische Biologe Rupert Sheldrake erforscht diese Felder. So leben wir als Individuum zwar in unserem individuellen Feld, zugleich ist dieses aber eingebettet in weitaus größere Felder – etwa das Feld unserer Sippe, unserer Nation, unseres Geschlechts und das Feld der Menschheit. Diese Felder bestehen aus Energie und Information, durchdringen sich und beeinflussen sich wechselseitig.

Was ist eigentlich eine »Volksseele«? Man kann sie als Seele, Gemüt und Bewusstsein eines Volkes beschreiben. Aus energetischer Sicht ist die Volksseele ein kollektives Energie- und Informationsfeld, in dem alles, was ein Volk bislang erfahren hat, gespeichert ist. Jeder Mensch, der jemals in diesem Land geboren wurde, hat mit seiner Inkarnation und mit all seinen gemachten Erfahrungen zur Bildung der Seele dieses Volkes beigetragen.

Rudolf Steiner (1861–1925), der Begründer der Anthroposophie, geht in einem im Jahr 1915 in Berlin gehaltenen Vortrag mit dem Titel »Die verjüngenden Kräfte der deutschen Volksseele« tiefer auf die Bedeutung ein. Er sprach davon, dass sich der materialistisch geprägte Geist nicht vorstellen könne, dass auch übersinnliche, unsichtbare Wesenheiten existierten, die nur mit dem geschaut werden könnten, was Johann Wolfgang von Goethe »Geistesaugen« und »Geistesohren« genannt hat. Steiner erwähnte außerdem, dass das Wesen »Volksseele« mit der menschlichen Einzelseele unbewusste Zwiegespräche führe und es auf diese Weise beeinflusse.

Sowohl Steiner als auch bereits Goethe sprechen davon, dass der deutschen Volksseele verjüngende Kräfte innewohnen und dass die intimste Weltauffassung der Deutschen das Erfassen des Organisch-Lebendigen sei. Schauen wir uns die großen Dichter, Denker, Musiker und Erfinder unseres Landes an; sie bezeugen das durch ihre Werke. Steiner sagt weiter, »dass diese verjüngenden Kräfte so in der Seele des Einzelnen wirken, dass der Mensch in seinem Inneren das, was seine Seele denkt, fühlt und tut, unmittelbar ansieht als Gedanken, Gefühl und Wille der göttlich-geistigen Wesenheiten selbst und sich verbunden fühlt mit der geistigen Welt. Sie wirkt an ihm als verjüngende Kraft, die nicht alt werden lässt das, was seine Kultur ist; die ihn immer hoffen lässt darauf, dass, wenn irgendein Zweig der Kultur gleichsam seelisch trocken geworden ist, die verjüngenden Kräfte einen neuen Keim bewirken können.«

Der deutsche Mystiker Meister Eckhart (um 1260–1328) sagt es mit seinen Worten so: »In dem Gemüte lebt das Fünklein, in dem sich in der Menschenseele die Weltseele offenbart.« Und Johann Gottlieb Fichte (1762–1814), ein deutscher Pädagoge und Philosoph, schreibt: »Der Deutsche will nicht im abgeschlossenen Sein verharren, er will immer werden.«

Was Rudolf Steiner im Jahr 1915, als er seinen Vortrag hielt, noch nicht ahnte, ist, dass drei Jahrzehnte später ein unsichtbarer, schwerer, schwarzer Mantel über der deutschen Volksseele und ihrem Potenzial für Verjüngung und Erneuerung hängen würde, der fortan verhinderte, dass dieses Wesen sich frei ausdrücken kann.

Vielen Menschen ist das nicht bewusst; sie sind der Ansicht, dass diese Ereignisse schon lange zurückliegen und dass sie deshalb nichts mehr damit zu tun hätten. Mir ging es früher genauso. Heute weiß ich, dass das ein Trugschluss ist. Ich spreche hier vom kollektiven Erbe aus den beiden Weltkriegen im letzten Jahrhundert. Warum waren die Menschen damals so leicht zu beeinflussen? Beim Blick in die Geschichtsbücher erfahren wir, dass nach der Niederlage im Ersten Weltkrieg (1914–1918) Kaiser Wilhelm II. (1859–1941) abgedankt hatte. Ein großer Teil des deutschen Volkes wollte die militärische Niederlage Deutschlands nicht akzeptieren. Die Menschen suchten nach einem Schuldigen. Sie waren unzufrieden mit der neuen Situation. Sie hatten ihren Monarchen, ihre zentrale Leitfigur, verloren und waren führungs- und orientierungslos. Da war einer willkommen, der gewillt war, die Macht an sich zu nehmen, der klar aussprach, wo es langgehen sollte, und der verhieß, dass der verlorene Stolz auf diese Weise wieder zurückgewonnen werden könne. Seit den Ereignissen, die darauf folgten, lastet auf der deutschen Volksseele eine große Schuld. Jeder Deutsche ist mit diesem Feld verbunden und wird so von diesem Schuldgefühl beeinflusst.

Während ich diese Zeilen schreibe, frage ich mich, warum sich die deutsche Volksseele solch ein Thema »ausgesucht« hat. Vielleicht bist du jetzt über meine Frage verwundert. Wie komme ich auf die Idee, dass sich eine Volksseele ein Thema »aussucht«? Gemäß dem geistigen Gesetz »Wie im Kleinen, so im Großen« hat eine Volksseele ein Entwicklungsziel, das verschiedene Themen umfasst, die erfahren und gelernt werden müssen, damit daraus

Erkenntnisse und später Weisheit gewonnen werden kann. Dies gilt sowohl für eine Individualseele als auch für eine Volksseele. Bevor eine Individualseele inkarniert, definiert sie, was sie in der bevorstehenden Inkarnation lernen und entwickeln will. So sucht sie sich ein Land aus, das mit ihrem Entwicklungsthema in Resonanz steht. Das bedeutet, dass möglicherweise jeder Mensch, der in Deutschland geboren ist, eine Resonanz zum Thema Schuld in sich trägt. Dieses Gefühl liegt im Schatten, verborgen im Unterbewusstsein. Es will erkannt, angeschaut und transformiert werden. Seit vielen Jahren gehe ich so an meine Herausforderungen heran. Ich versuche, zunächst herauszufinden, warum ich oder besser gesagt meine Seele zu einem bestimmten Thema in Resonanz geht. Mein Geist ist am Hintergründigen interessiert, weniger am Offensichtlichen. Das hat es mir bislang immer erleichtert, die wahren Ursachen und auch die Lösung für meine Herausforderungen zu finden. Jetzt nähere ich mich diesem großen, bedeutsamen Thema auch auf diese Weise. Zurück zu meiner gestellten Frage: Weshalb geht die deutsche Volksseele zum Thema Schuld in Resonanz, wenn sie doch den Drang nach Verjüngung und Erneuerung hat? Wie passt das zusammen? Und warum waren diese Erfahrungen wichtig? Wo ist der Humus, das Nährende? Was ist das Gold in dieser Erfahrung?

Wenn es stimmt, was Rudolf Steiner und andere behaupten, dass nämlich die deutsche Volksseele tief ins Innere des Wesens der Dinge eindringt und dass es ihr um Verjüngung und Erneuerung geht, dann wird klar: Damit Erneuerung geschehen kann, braucht es Zerstörung. In der indischen Religion gilt Shiva als Gott der Zerstörung. Schöpfung folgt einem Dreiklang. So gibt es Zeiten des Aufbaus, Zeiten des Bewahrens und darauffolgend immer eine Zeit des Abbaus. Auch wir befinden uns gerade in solch einer Zeit des Abbaus, wie die derzeitige Krise in vielen verschiedenen Bereichen zeigt. Die Auswirkungen sind ähnlich wie bei einem Krieg, wenn auch natürlich im Detail verschieden, doch sie dienen letztendlich der Erneuerung.

Das Thema Schuld

Aufgrund meiner eigenen Geschichte habe ich mich mit diesem Thema intensiv beschäftigt und im Laufe vieler Jahre immer wieder neue und tiefere Erkenntnisse darüber gewonnen. Meinem Schuldgefühl bin ich vor vielen Jahren auf die Spur gekommen. Ich hatte mir die Schuld für den Selbstmord meines Vaters gegeben. Damals war ich eineinhalb Jahre alt. Es geschah unbewusst. Weil diese Verlusterfahrung so schmerzhaft war, musste sie abgekapselt und verdrängt werden, sonst hätte ich nicht überlebt. Doch das Muster war geprägt, wirkte fortan in meinem Unterbewusstsein. Über drei Jahrzehnte hinweg schuf es für mich immer wieder die Erfahrung von Verlust.

Nach diesen vielen schmerzvollen Erlebnissen begann ich, die Wiederholung dieser Verlusterfahrungen - vor allem in Beziehung zu Männern - in meinem Leben zu hinterfragen. Ich machte mich auf den Weg, die Ursache zu ergründen, das Muster und die damit verbundene Schuld aufzudecken. In meinem Fall ging es um eine nicht verursachte Schuld. Ich hatte mich schuldig gefühlt, ohne dass ich für den Freitod meines Vaters verantwortlich gewesen wäre. Doch Kinder machen das so, wenn ein Elternteil in der frühen Prägephase zwischen Geburt und dem 6. Lebensjahr geht. Bei meinen Bemühungen, die Ursache für mein Dilemma zu ergründen, reiste ich 2005 nach Peru. Dort war ich mehrere Wochen mit einem Schamanen in den Anden unterwegs, um Heilung zu erlangen. Damals schenkte mir meine Seele ein Bild. Ich sah mich unter einer riesigen gläsernen Käseglocke. Ich konnte die Welt im Außen sehen, sie jedoch nicht fühlen. Ich war von meinen Gefühlen abgeschnitten. Auch andere Gefühle wie Angst, Wut und Trauer konnten nicht in mein Bewusstsein gelangen. Ich war im Kopf zu Hause und stellte mir das Leben lieber vor, als es zu erleben. Der Boden, auf dem ich in dieser Käseglocke stand, sah wellig aus. Bei genauerem Hinsehen erkannte ich, dass, im Boden vergraben, in gleichen Abständen Mumien lagen, die diese Wellen erzeugten. Intuitiv wusste ich, dass diese Figuren symbolisch für meine nicht gelebten Potenziale standen. Ich erkannte weiter, dass Schuld isoliert, uns von lebendiger Erfahrung trennt und verhindert, dass wir unser volles Potenzial entfalten. Stattdessen versuchen wir, eine weiße Weste zu wahren – koste es, was es wolle. Das führt zu einer sehr bekannten Ausdrucksform von Schuld: dem Perfektionismus. Bloß keinen Fehler machen, lieber keine Verantwortung übernehmen! Alles muss einhundertfünfzigprozentig sein, bevor es an den Start darf.

Auch das ständige Recht-haben-Müssen ist ein Ausdruck, hinter dem sich die Schuld gern verbirgt. Denn wer recht hat, ist nicht schuldig. Das »Sich-nichts-zuschulden-kommen-Lassen« verhindert, wie alle anderen Ausdrucksformen der Schuld auch, dass wir spielerisch an das Leben herangehen, dass wir ausprobieren, Fehler machen und daraus lernen, dass wir Risiken eingehen und dabei Mut und Stärke generieren. Stattdessen laufen viele mit angezogener Handbremse durch den Alltag – und geben zugleich Vollgas, um den Anforderungen im Privat- und Berufsleben gerecht zu werden. Dabei brennen sie völlig aus, weil sie Raubbau an ihren Kräften treiben, weil sie gegen einen unsichtbaren Gegner angehen und kämpfen, ohne dieses Schattenspiel je gewinnen zu können. Die weniger Ehrgeizigen unter uns ziehen sich in die Haltebuchten des Lebens zurück und schauen rückwärts gerichtet auf all das Schlimme und Elendige in der

Welt. Resignierend wünschen sie sich die gute, alte Zeit wieder herbei und landen irgendwann in der Depression, wenn der Funke, von dem Meister Eckhart spricht (→ Seite 96), in ihnen erloschen ist.

Deutschland – ein Land ohne Vision?

Die Schuld lediglich über einen monetären Ausgleich zu begleichen, wie es seit vielen Jahrzehnten geschieht, reicht bei Weitem nicht aus, um sie zu erlösen. Auch das Errichten monströser Mahnmale dient der Sache nur begrenzt. Solange die Schuld wie ein schwerer schwarzer Mantel die deutsche Volksseele umhüllt und auf ihr lastet, kann sich ihr Wesen nicht in ihrer natürlichen Art ausdrücken. Das große Potenzial der Erneuerung liegt brach. Der Zugang zur seelischen Ebene ist blockiert. Die Inspiration fehlt. Und so mangelt es an Kreativität, an der Fähigkeit, das größere Bild zu erkennen und eine Vision zu schöpfen.

Dies wäre die spirituelle Aufgabe der deutschen Volksseele. Doch die einseitig verarbeitete Schuld verhindert bislang, dass sich der einst freie, idealistische deutsche Geist erheben kann. Stattdessen versuchen Politiker, sich den großen Herausforderungen zu stellen, indem sie Entscheidungen und Maßnahmen treffen, die alle auf einem schuldbehafteten Geist basieren. Indem zahlreiche Politiker ihre weiße Weste wahren, sich hinter ihren Ämtern verstecken und keine Verantwortung für ihr eigenes Schuldthema übernehmen, werden ihre politischen Entscheidungen eben diese einseitig orientierte Handschrift tragen. Die Fratze eines tiefen Schuldgefühls versteckt sich hinter zahlreichen Skandalen, hinter Misswirtschaft und veruntreuten Geldern. Obwohl diese Geschehnisse an die Öffentlichkeit gelangen, müssen jene, die sie verursacht haben, lediglich von ihren Ämtern zurücktreten, ohne weiter zur Verantwortung gezogen zu werden. Das ist in der Wirtschaft und im privaten Leben undenkbar. Und auf diese Weise bleibt das Thema Schuld auf der politischen Ebene, wo die Geschicke eines Landes geleitet werden, weiter im Schatten.

So torkelt Deutschland seit vielen Jahren wie Treibholz auf dem Ozean des Weltgeschehens, mit dem Aushängeschild eines schuldigen Täters um den Hals, immer bereit zu geben, um seine unsichtbare Last endlich auszugleichen. Doch es fehlt an Orientierung und vor allem an einer klaren Ausrichtung auf etwas, das größer ist. »Ohne Visionen verwildert das Volk«, so heißt es im Buch der Sprichwörter im 29. Kapitel, Vers 18, dem Teil, der König Salomo zugeschrieben wird. Deutschland braucht einen Leitstern, eine Vision, die die Kraft hat, Menschen aufzurichten, weil sie erhaben ist, Sinn stiftet und das Erhabene im Menschen hervorzubringen vermag.

Wie kann es weitergehen?

Wie sieht nun die Lösung für dieses tief sitzende kollektive Problem aus? Was braucht das Erfahrungsfeld der Volksseele, damit es heilt, damit es in Ordnung kommt? Nun, wir alle und jeder Einzelne sind Teil dieses Feldes. So liegt die Lösung darin, dass der Einzelne sich mit seiner Schuld auseinandersetzt und sich selbst und anderen vergibt. Statt weiterhin das alte Opfer-Täter-Spiel zu spielen und die unbewusste, unerträgliche Schuld auf andere zu projizieren und sie dort zu bekämpfen, gilt es, die Verantwortung für das eigene Denken, Fühlen, Sprechen und Handeln zu übernehmen. Diese Eigenverantwortung leitet ein neues Spiel ein, indem eines Tages nur noch bewusste Schöpfer und Schöpferinnen Erfahrungen machen und für ihre Schöpfung die Verantwortung übernehmen.

Aus diesem Bewusstsein der Verantwortung heraus sollten Regierende auf allen Machtebenen die Geschicke eines Volkes lenken und dabei als Vorbild wirken. Umso wichtiger finde ich es, dass vor allem jene, die derzeit an der Macht sind, sich mit ihrer eigenen Schuld auseinandersetzen und beginnen, Verantwortung für sich selbst zu übernehmen. Dazu braucht es integre Menschen, deren Seele einen gewissen Erfahrungs- und Reifegrad besitzt.

Wie sieht das mit den ehemaligen Opfern aus, die verletzt wurden, denen Unrecht angetan wurde? Hierfür braucht es von Seiten jener, die Unrecht getan und andere verletzt haben, eine ehrliche Reue für ihre Taten. Erst dann kann im nächsten Schritt die Bitte um Verzeihung an die Opfer herangetragen werden. Diese Taten zu vergeben ist wiederum die Aufgabe der Opfer. Erst durch diesen Akt wird eine weitere Entwicklung möglich.

Auch auf der Völkerebene braucht es diese Gesten, damit das Heil und der Frieden unter den Völkern wiederhergestellt ist. Der ehemalige deutsche Bundeskanzler Willy Brandt (1913–1992) hatte das verstanden. Durch seinen Kniefall am Ehrenmal für die Toten des Warschauer Ghettos am 7. Dezember 1970 in Warschau übernahm er stellvertretend für das deutsche Volk die Verantwortung und bat mit dieser Geste um Vergebung für die deutschen Verbrechen des Zweiten Weltkriegs.

Durch meine Erfahrung mit dem Thema Schuld ist mir bewusst, dass die Lösung dieser kollektiven Schuld nicht von außen durch Verordnungen vonseiten der Politik kommen kann. Denn alles, was von außen kommt, ist aufgesetzt und riskiert, nicht angenommen zu werden. Hingegen trägt alles, was von innen kommt, bereits die Kraft der Verwirklichung in sich. Hier wirkt ein inneres Motiv, ein innerer Antrieb, der weit über die luftige Kraft der kognitiven Verstandesebene hinausgeht.

Aufgrund meiner Erkenntnisse, Begegnungen, Gespräche und Ahnenaufstellungen mit zahlreichen Klienten erlaube ich mir, folgende These aufzustellen: Das deutsche Volk macht die Erfahrung der Schuld, damit das Erneuerungsbestreben der deutschen Volksseele weiter gestärkt wird. Die Erneuerungskräfte wachsen parallel zur Schattenarbeit des Einzelnen mit seiner Schuld. Das erklärt auch, warum dieser Weg so lang ist. Denn das Kollektiv als solches kann nicht von außen verändert werden. Es verändert sich durch die Transformation des Einzelnen.

Hier eine kleine Geschichte, die sehr anschaulich verdeutlicht, worin die Aufgabe des Einzelnen besteht, um das kollektive Erbe zu heilen: Ein kleines Mädchen kam zu seinem Vater und bat ihn, ein Spiel mit ihm zu spielen. Doch der Vater hatte gerade keine Zeit. So überlegte er, womit er es eine Weile beschäftigen konnte. Da sah er in einer Zeitschrift eine Abbildung der Erde. Er löste das Bild aus der Zeitung und zerschnipselte es in viele Puzzleteile. Die gab er seiner Tochter und dachte, dass sie lange beschäftigt sein würde. Der aber machte das Puzzle richtig Spaß, und nach wenigen Minuten zeigte sie ihrem Vater stolz das fertige Bild der Erde. Der Vater fragte sie verwundert, wie sie das so schnell schaffen konnte. Da sagte die Tochter: »Hast du denn nicht den Menschen auf der Rückseite der Erde gesehen? Den habe ich zusammengesetzt und damit habe ich auch die Welt in Ordnung gebracht.«

Diese Geschichte lässt sich auf unsere Nation übertragen. Uns allen, die wir in Deutschland geboren sind, kommt die Aufgabe zu, uns mit unseren eigenen Schuldgefühlen auseinanderzusetzen, statt sie im altbekannten Opfer-Täter-Spiel weiter von uns weg und anderen zuzuschieben. In der spirituellen Szene ist bekannt, dass es die Schattenarbeit ist, die uns vom uralten Schuldkonzept erlöst. Indem wir unsere eigenen Schuldgefühle aufdecken, sie annehmen und erfühlen, lösen sich diese tief sitzenden Gefühle, und wir werden frei davon.

Auf der Opferseite braucht es Vergebung und Verzeihung. Es braucht einen gemeinsamen Dialog zwischen dem Opfer und dem Täter. Dann kann das Wesen der deutschen Volksseele wieder durch die Menschen leuchten, und ihre erneuernde Kraft wird neue Zweige in der Kultur ans Licht bringen.

Die Heilmittel Vergeben und Verzeihen

Gerade in dieser von Krisen gebeutelten Zeit des Übergangs, in der viele Menschen in Schwere und Trübsal zu versinken drohen, ist es von großer Bedeutung und Wichtigkeit, sich der eigenen Schuld zuzuwenden. Schuld wiegt schwer. Zugleich sind die Kanäle für Inspiration und Weisung verstopft. Die Impulse gelangen nicht zu uns, und wir fühlen uns belastet, drehen uns gedanklich und gefühlsmäßig im Kreis und finden den Ausgang nicht. Stattdessen gilt es, ehrlich mit sich selbst zu sein, das, was wir noch nachtragen, loszulassen und sich selbst und den anderen ein für alle Mal zu vergeben.

Zu vergeben und zu verzeihen erleichtert uns. Wir machen damit den Weg frei für unsere weitere Entwicklung, bei der es darum geht, unsere Einzigartigkeit zu entdecken, unsere ganz individuellen Fähigkeiten, Anlagen und auch Talente. Damit dies jetzt geschehen kann, waren all die zurückliegenden Entwicklungen erforderlich, die Auflösung der Großfamilien und der Familienclans. Damals konnte man nicht aus der Reihe tanzen. Jetzt ist es geradezu erforderlich, um den nächsten Entwicklungsschritt zu tun.

Wir stehen hier an einer Entwicklungsschwelle, die vielen einen Quantensprung abverlangt. Sowohl die familiäre als auch die genetische Konditionierung muss auf den Prüfstand. Die alten Dogmen, Einstellungen und Ansichten müssen einer Wahrheitsprüfung unterzogen werden. An diesem Punkt der Entwicklung geht es um nichts Geringeres als um die Entdeckung des Wahren und des Wesentlichen, um die Entdeckung unseres innersten Kerns, dessen, wer wir wirklich sind.

Ich habe zuletzt darüber geschrieben, dass es auf jeden Einzelnen ankommt. Dass jede und jeder hinsichtlich des belastenden kollektiven Erbes bei sich beginnen kann und auch muss. Konkret heißt das, dass es darum geht, vom Schuldkonzept abzulassen, denn es steht nicht nur zwischen den Menschen, es steht auch störend in der Beziehung zwischen den Menschen und ihrem Schöpfer.

Durch Vergebung befreien wir uns aus der Opferrolle. Wir sind nicht mehr nachtragend. Die Tat kann nicht ungeschehen gemacht werden, aber wir leben besser mit den Folgen. Wenn wir vergeben, handeln wir ähnlich einem Gläubiger, der einem zahlungsunfähigen Schuldner die Schuld erlässt. Wenn wir um Verzeihung bitten, bedeutet das, dass wir einen Fehler eingestehen, dabei die andere Person mit einbeziehen und uns über das, was verletzt hat, austauschen. Daraufhin kann die verletzte Person demjenigen vergeben, der sie verletzt hat. Zur Vergebung braucht es kein Gegenüber. Sie erfolgt im Herzen der Person, die verletzt wurde. Nachdem du den letzten Abschnitt gelesen hast, frage dich in einem stillen Moment:

- ◇ Wem trage ich noch etwas nach?
- ◇ Wie schwer wiegt das?
- ◇ Wie lange geht das schon?
- ◇ Bin ich bereit zu vergeben? Wenn ja, wann?

Wie kann ich vergeben?

Nachdem du vielleicht erkannt hast, dass du einigen Menschen noch etwas nachträgst, ist es Zeit, sich dem Vergeben zuzuwenden. Es hat den Anschein, als gehe es dabei um ein Tun. Doch das ist nicht richtig. Es geht darum, sich vorzubereiten, damit Vergebung geschehen kann. Denn Vergebung ist ein Akt der Gnade, und Gnade ist immer und überall gegenwärtig. Wir hingegen sind es nicht. Daher kann Gnade uns nicht jederzeit zuteilwerden. Um Gnade empfangen zu können, gilt es, sich dafür bereit zu machen:

- ★ Nimm dir dafür Zeit und wähle einen ruhigen Moment. Wende dich nach innen, nimm deinen Atem wahr, nimm deinen Körper wahr und halte für eine Weile hier deinen Fokus. Dabei entspanne dich immer tiefer, bis du gegenwärtig bist – wach und präsent im Geist und fühlend im Herzen.
- ★ Wenn du verletzt worden bist, sei dir bewusst, dass wir als Menschen fehlbar sind und Fehler machen. Die Person, die dich verletzt hat, ist, wie du auch, auf ihrem Entwicklungsweg. Ihre Seele macht Erfahrungen, sowohl im Positiven als auch im Negativen. All das gehört mit zu unserem Leben auf der Erde in der Dualität.
- ★ Hole diese Person vor dein geistiges Auge und schau mit den Augen deines Herzens auf sie. Wie nimmst du die Person wahr? Wie geht es ihr? Ist sie glücklich im Frieden? Oder wirkt sie bedrückt im Unfrieden?
- ★ Fühle mit dieser Person. Schenke ihr dein tiefes Mitgefühl und öffne dabei dein Herz weit für das, was größer ist als deine Persönlichkeit. Bitte um die Gnade, vergeben zu können.

★ Lass dabei von jeglicher Vorstellung ab, davon, was und wie etwas zu geschehen hat. Gebe dich dem, was ist, in liebevoller, offener Empfänglichkeit hin und sei geduldig. Lass geschehen und verweile im Sein, bis dir die Gnade spürbar zuteilgeworden ist.

Vielleicht hast du sie als einen warmen Lichtschauer erfahren, der deinen ganzen Körper durchströmt. Vielleicht nimmt dich eine Welle intensiver Entspannung mit in einen tiefen heilsamen Frieden. Vielleicht spürst du auch, dass eine Last von dir abfällt und du dich erleichtert und zutiefst dankbar fühlst. All das ist möglich. Wichtig ist jedoch, dass du ohne Vorstellung bist, weil jegliche festgefahrene Vorstellung verhindert, dass dir Gnade zukommt. Vielleicht musst du diesen Prozess, diese Hingabe, mehrmals praktizieren, bis es dir möglich ist, dich entsprechend dafür zu öffnen. In jedem Fall wird deine Bitte nicht unerhört bleiben, denn das Leben antwortet uns immer.

Im Fall, dass du einen anderen Menschen verletzt hast, gilt es, ihn um Vergebung zu bitten:

★ Auch hierfür wende dich nach innen, wie oben beschrieben, bis du innerlich ganz wach und präsent bist.

★ Hole die betreffende Person bildlich vor dein geistiges Auge. Es kann sein, dass du sie auch erst einmal bitten musst, sich dir zu zeigen.

★ Schau sie mit den Augen deines Herzens an und fühle zuerst deine Reue über den Schmerz, den du ihr zugefügt hast. Bitte aus deinem Herzen heraus um Vergebung. Teile diesem Menschen mit, dass es ein Fehler war, den du begangen und jetzt erkannt hast. Lass ihn wissen, dass du deine Tat von Herzen bereust und durch diesen Fehler etwas gelernt hast.

- ★ Dann lass das geschehen, was geschehen will. Vielleicht verändert dieser Mensch seine Haltung und seinen Ausdruck vor deinem geistigen Auge. Vielleicht spürst du, dass sich etwas zwischen euch beiden verändert, sich entspannter anfühlt und deutlich leichter wird. Vielleicht braucht es auch noch ein wenig Zeit, und darum sei bitte geduldig. Manchmal musst du das Ganze auch wiederholen. Dabei machst du wahrscheinlich die Erfahrung, dass sich in der Zwischenzeit bereits etwas in dir verändert hat.
- ★ Zum Abschluss bedanke dich bei diesem Menschen und bedanke dich insbesondere dafür, dass dir die Gnade zuteil geworden ist.

Eine andere Möglichkeit, um Verzeihung zu bitten, ist, einen Brief an die betreffende Person zu schreiben, ohne den Brief abzusenden. Wir sind alle über ein Quantenfeld miteinander verbunden, und darum erreichen deine Worte, egal ob innerlich, geistig gesprochen oder in Form eines Briefes geschrieben, die jeweilige Person. Dies geht sogar mit Menschen, die bereits verstorben sind. Das Quantenfeld kennt keine Zeit und keinen Raum. Vergebung und Verzeihen sind zwei goldene Schlüssel, die zum einen das Schloss öffnen, das uns innerlich an die Vergangenheit gekettet hält, und zum anderen erschließen sie auch das Tor in unsere Verbundenheit mit dem größeren Ganzen. Der Ort, wo all das stattfindet, ist unser geistig-seelisches Herz, dessen Energiezentrum sich in der Mitte unserer Brust befindet.

Spirituelle Ahnen als Mentoren

Es gibt verschiedene Arten von Ahnen. Wir haben unsere familiären Vorfahren, die Teil unserer Sippe sind. Gehen wir weiter zurück, dann haben wir auch die Tiere, die Pflanzenwelt und sogar das Mineralienreich als »Verwandte«. Als ich im Jahr 2005 in einer kleinen Gruppe mit einem Schamanen in den Anden unterwegs war, bauten wir Schwitzhütten und zelebrierten mehrmals das Schwitzhütten-Ritual, bei dem es darum geht, sich auf allen Ebenen zu reinigen – körperlich, geistig und seelisch. Dieses Ritual dient dazu, Altes loszulassen und sich auf dankbare und liebevolle Weise mit Mutter Erde zu verbinden.

Gleich bei der ersten Schwitzhütte erweiterte sich mein Bewusstsein. Während der Feuermeister in einer neuen Runde glühende Steine in die Hütte brachte und sie in das Erdloch in der Mitte legte, begrüßte ich jeden einzelnen Stein. Während sich mein drittes Auge öffnete, erkannte ich das Wesen der Steine. Ich wusste intuitiv, dass sie sich für unsere Zeremonie opferten, da manche in viele Teile zersprangen, als Wasser über sie gegossen wurde und heißer Dampf aufstieg. Während dieser Schwitzhütte sprach ich intuitiv Gebete aus meinem Herzen, von denen ich nicht wusste, dass ich sie jemals erlernt oder gehört hatte. Durch die Öffnung meines dritten Auges in dieser Nacht konnte ich fortan mit den Wesen der Schöpfung kommunizieren. Vor allem zu Pflanzen habe ich einen feinen Zugang bekommen, sodass ich Informationen erhielt, sobald ich mich auf eine Pflanze konzentrierte und mich in sie einfühlte. Dabei erfuhr ich, wofür sie gut war und auf welche Art sie für Heilzwecke verwendet werden konnte.

Diese Zeit in den Anden stellte damals einen weiteren Meilenstein in meiner spirituellen Entwicklung dar. Auch wenn sich die

Helligkeit meiner Sinne nach meiner Rückkehr nach Deutschland wieder verringert hatte, so hat sich aufgrund der gemachten Erfahrungen bei dieser Reise meine Sicht auf die Welt und auf mich selbst doch weiter verändert.

Gemäß traditionellem Schamanismus konnten in alten Zeiten alle Menschen mit den Tieren sprechen. Erst später ging diese Fähigkeit verloren, bis nur noch der Schamane dazu in der Lage war. So war es bis jetzt. Doch das ändert sich gerade. Tierkommunikation ist derzeit ein großes Thema in spirituellen Kreisen; es gibt bereits verschiedenste Ausbildungen dazu. Unsere Sinne erwachen langsam, und so gibt es immer mehr Menschen, die nicht nur fein-, sondern auch hellfühlig sind, die hellhörig und hellsichtig mehr wahrnehmen als nur das Offensichtliche. Auch das Hellwissen verbreitet sich. Natürlich bedarf es hierfür einer Zeit der Umgewöhnung, und auch das Vertrauen in diese erweiterten Fähigkeiten muss und darf langsam wachsen. All das sind Auswirkungen der neuen Energie, die mit dem Bewusstseinswandel einhergeht, und die sich überwiegend bei jenen Menschen entwickelt, deren Seele bereits einen gewissen Reifegrad erreicht hat. Denn mit diesen erweiterten Fähigkeiten geht auch größere Verantwortung einher; dafür braucht es im Vorfeld einige Erkenntnisse und Lernerfahrungen.

Es gibt noch eine andere Art von spirituellen Ahnen, mit denen wir über unseren Geist Kontakt aufnehmen können. Dazu zählen alle großen Forscher, Dichter, Musiker und Denker, die unsere Welt mit ihrem Genius maßgeblich geprägt und bereichert haben. Es ist uns möglich, mit ihrem Geist in Kontakt zu treten - vorausgesetzt, wir erlauben unserem Geist, sich über Zeit und Raum hinaus auszudehnen. Auf diese Weise können Ahnen auch zu Mentoren werden und uns unterstützen, unser Leben leichter zu meistern.

Verbinde dich!

Ich möchte dich an dieser Stelle ermutigen, dir Gedanken darüber zu machen und hinzuspüren, mit wem du gern Verbindung aufnehmen würdest. Nimm dir dafür Zeit und frage dich:

- ★ Wer hat mich bereits in der Jugend inspiriert?
- ★ Wen würde ich gern um Rat bitten, bei meinen beruflichen Belangen, bei einem wichtigen Projekt?
- ★ Welcher Genius könnte mir bei meiner derzeitigen Herausforderung helfen, sie zu meistern?
- ★ Wer hatte jene Eigenschaft, die mir fehlt, und wie könnte ich von ihm/ihr lernen?
- ★ Welche wichtige Frage möchte ich stellen und warum?
- ★ Wenn du dir klar darüber geworden bist, wer dir bei deinem Anliegen weiterhelfen könnte und welche Frage du stellen willst, dann mach dich bereit für die Kontaktaufnahme. Nimm dir dafür ausreichend Zeit und achte darauf, dass du währenddessen nicht gestört wirst.
- ★ Setz dich hin, nimm eine entspannte Haltung ein. Deine Arme und Beine sollten nicht überkreuzt sein. Dann atme ein paarmal tief ein und aus, schließe dabei deine Augen und komme langsam in deinem Inneren an.
- ★ Konzentriere dich dabei auf deinen Atem, bis dein Verstand ruhig ist und sich dein innerer Raum geweitet hat. Dann ziehe im Geist mit deinem geistigen Finger auf dem Fußboden um deinen Sitzplatz herum einen blauen Lichtkreis mit einem Durchmesser von circa zwei bis drei Metern.
- ★ Ziehe anschließend, angrenzend an deinen Kreis dir gegenüberliegend, einen weiteren blauen Lichtkreis in der

gleichen Größe. Beide Kreise liegen so, dass sie eine Acht ergeben.

- Bring jetzt das Licht in deinem Kreis dazu, dass es zuerst in deinem Kreis rechtsherum läuft und dann in den gegenüberliegenden Kreis wechselt.
- Lass das blaue Licht ein paar Runden in der Acht laufen. Dann konzentriere dich auf den Ahn, die Ahnin, die du ausgewählt hast. Beginne, sie zu rufen, und bitte sie/ihn in den Lichtkreis, der deinem gegenüberliegt.
- Wenn der Ahn, die Ahnin, im Kreis steht, bedanke dich zu Beginn dafür, dass er/sie gekommen ist. Drücke auch deine Achtung und Bewunderung ihm/ihr gegenüber aus für die Fähigkeiten, die er/sie hat und die du besonders schätzt.
- Dann beginne die Frage zu stellen, die du im Vorfeld ausgewählt hattest. Nimm wahr, was kommt. Vielleicht hörst du die Antwort, vielleicht sind es Gedanken, die dir eingegeben werden, vielleicht reicht dir der Ahn, die Ahnin, ein Symbol oder macht eine Geste. Nimm das wahr, was sich zeigt, ohne es zu bewerten. Für den Fall, dass es nicht klar für dich ist, bitte darum, dass er/sie es dir noch klarer und leichter verständlich mitteilt.

Sei geduldig, bis du die Person wahrnehmen kannst. Es kann sein, dass es nicht sofort gelingt und du dich dieser Übung ein paarmal hingeben darfst, bevor du den Ahn oder die Ahnin dir gegenüber klar wahrnehmen und mit ihr kommunizieren kannst. Das liegt zumeist daran, dass dir diese Form der Kommunikation ungewöhnlich erscheint, dein Verstand dir vielleicht eingibt, dass das nur Einbildung sei und du dem nicht trauen sollst. Lass dir in diesem Fall sagen, dass das völlig normal ist und dass es vielen Menschen so geht, die zum ersten Mal solch eine Methode ausprobieren. Mein Rat ist jedoch, dass du dich davon nicht abbringen lässt. Denn erinnere dich, was ich in diesem Buch an verschiedenen Stellen immer wieder beschrieben habe: Wir sind Kinder dieser Zeit, und wir wurden geprägt mit einer materialistischen Sicht auf uns selbst und auf die Welt. Und so haben wir, wie Albert Einstein meinte, eine Welt geschaffen, die den Diener, den Verstand, ehrt und das göttliche Geschenk, die Intuition, verwehrt. Gib dir und deiner Intuition eine Chance, wenn es nicht gleich beim ersten Mal klappt. Mach es mehrmals, schließlich hast du auch nicht an einem einzigen Tag das Laufen gelernt. Wenn du bei solchen Übungen noch ungeübt bist, dann pack nicht gleich die ganz großen Fragen an. Beginne mit einer leichteren Frage. Sobald du eine Antwort darauf erhalten hast, wird dich das bestärken, und du kannst dich von Mal zu Mal an bedeutendere Fragen heranwagen. Such für die gleiche Frage auch den Kontakt zu anderen Ahnen, die dir dazu einfallen; das kann weitere Erfahrungen und Erkenntnisse liefern. Ich empfehle dir, deine Erkenntnisse schriftlich festzuhalten. Leg dir ein kleines Schreibheft zu, und mach daraus dein ganz eigenes »Ahnenschatz-Notizheft«.

Deine inneren Kanäle

Nun möchte ich dir auch noch etwas über die inneren Wahrnehmungskanäle mitteilen. Wir alle verfügen über zwei Wahrnehmungskanäle, einen weiblichen und einen männlichen. Wir nutzen sie unterschiedlich in der Gewichtung. Nimmst du vermehrt über den weiblichen Kanal wahr, dann wirst du das, was du dir vorstellst, in erster Linie fühlen. Wenn hingegen dein männlicher Kanal mehr ausgebildet ist, dann wirst du deutlicher Bilder sehen können. Ganz oft ist es jedoch eine Kombination aus beidem. Sei dir bewusst, dass die Art, wie du innerlich wahrnimmst, deine individuelle Art ist.

Ich erkläre das so ausführlich, weil ich oft von Klientinnen die Meinung höre, dass sie nicht visualisieren können, weil sie keine inneren Bilder sehen. Wenn ich nachfrage, stellt sich heraus, dass sie dafür in der Regel sehr gut fühlen. Jetzt fragst du dich vielleicht, wie es mit den Heiligen, den großen Mystikern, spirituellen Lehrern und Meistern aussieht. Auch mit ihnen kannst du in Kontakt treten. Nehmen wir zum Beispiel Jesus. Er ist ein spiritueller Ahn - und jeder, der sich zu ihm hingezogen fühlt, kann diese Verbindung in seiner Innenwelt aufnehmen. So habe ich in den vergangenen Jahren mehrere sehr tiefe Jesus-Erfahrungen gemacht, die mir gezeigt haben, dass ich auf meinem spirituellen Weg bin. Jesus hatte, als er auf der Erde weilte, ein höheres Bewusstsein, ein Bewusstsein der Einheit mit der Quelle, der Verbundenheit mit dem Leben, dem Göttlichen. Er hat uns aufgefordert, es ihm gleichzutun. Er hat sogar gesagt, dass wir, wenn wir ihm folgen, noch viel größere Wunder vollbringen werden. Denn wir sind alle Söhne und Töchter Gottes. Wir stammen alle aus der gleichen Quelle. Damit ist Gott der Urahn schlechthin, der in allen Ahnen und Nachfahren auf mysteriöse und wundervolle Weise wirkt.

An dieser Stelle möchte ich dich dazu ermutigen, es auszuprobieren und dabei erste Erfahrungen zu machen. Wichtig ist, dir dafür ausreichend Zeit zu nehmen, dich nach innen zu wenden und dich in einer offenen, empfänglichen Haltung auf den spirituellen Ahn deiner Wahl einzustimmen. Lenke dazu deinen

Fokus auf ihn oder sie und fühle den tiefen Wunsch in deinem Herzen nach dieser Verbindung. Dann gilt es, geduldig zu sein und wach und aufmerksam zu lauschen, zu spüren und zu fühlen.

Wichtige Fragen und Antworten zum kollektiven Erbe

Die nachfolgenden Fragen habe ich bei mehreren Umfragen in den sozialen Medien, bei meinen Klientinnen und den Leserinnen meines Newsletters gesammelt. Vielleicht stellst du dir ähnliche Fragen? Meine Antworten machen das Thema sicher greifbarer. Mir liegt viel daran, dir klarzumachen, dass es auch für dich möglich ist, dich der Verbindung mit deinen Ahnen bewusst anzunähern, dich von den ererbten Lasten zu befreien und zugleich durch die geklärte Verbindung gestärkt zu werden.

Was ist meine Aufgabe, meine Verpflichtung, mein Auftrag durch dieses kollektive Erbe?

Diese Frage habe ich bereits ausführlich beantwortet. Kurz gesagt: Es gilt, sich mit dem persönlichen Schuldgefühl auseinanderzusetzen und die Heilmittel Vergeben und Verzeihen einzusetzen. Dieser Weg führt in die Befreiung. Zugleich beeinflussen und heilen wir damit das »kollektive Feld«.

Wird das kollektive Erbe unter Umständen als Alibi verwendet, um sich nicht mit sich selbst und seinen eigenen Themen befassen zu müssen, so nach dem Motto: Ich kann ja gar nichts dafür, die Zeit, die anderen, die Umstände sind schuld?

Natürlich kann das passieren. Viele Menschen wachsen gerade erst in das große Thema Selbstverantwortung hinein. Daher brauchen die meisten noch Vater Staat, der durch Gesetze und Regeln hilft, eine Ordnung herzustellen, die Sicherheit schenkt. In Gesellschaften, in denen bereits reife und ältere Seelen durch die Menschen wirken, braucht es weniger Gesetze und Regeln, denn diese Menschen leben bereits von innen heraus Gesetzmäßigkeit, das heißt, sie achten das Leben, ihre Mitmenschen und Mitgeschöpfe sowie ihre Mitwelt gemäß den Gesetzmäßigkeiten des Lebens.

Wir werden der Schöpfung nicht gerecht, wenn wir alle Menschen über einen Kamm scheren. Wir sind hier als geistig-seelische Wesen in unterschiedlichen Reifegraden, die eine menschliche Erfahrung machen. Das Wichtigste dabei ist, dass es da kein Besser oder Schlechter gibt. Eine reife oder gar alte Seele ist nicht besser als eine junge Seele, der ihre Mitwelt noch völlig egal ist, weil sie sich bei ihrem Entwicklungsgrad gerade viel mehr mit dem materiellen Teil dieser Welt auseinandersetzen muss. Was helfen kann, mit diesen Unterschieden umzugehen, sind Toleranz, Respekt und in der verfeinerten Form die Liebe.

Zusammenfassung

In diesem Kapitel habe ich dir aufgezeigt, wie sich eine schwache und gar gänzlich fehlende Verwurzelung auswirkt. Fehlender innerer Halt führt dazu, dass viele Menschen in sich haltlos sind, dass es ihnen an Orientierung und Klarheit hinsichtlich ihrer Lebensziele fehlt, dass der Lebenserfolg ausbleibt und oftmals auch ihre Gesundheit geschwächt ist. Darüber hinaus bin ich ausführlich auf die Bedeutung der Familie, der Eltern als Energielieferanten eingegangen und habe aufgezeigt, welche Folgen es hat, wenn die Beziehung zur Herkunftsfamilie geschwächt ist. Die Heilung dieser Verbindungen ist von größter Wichtigkeit für ein glückliches und erfolgreiches Leben.

Ich habe aufgezeigt, dass wir sowohl ein individuelles als auch ein kollektives Erbe tragen, das uns weitaus mehr beeinflusst, als uns bewusst ist. Außerdem habe ich deutlich gemacht, welch wichtige Aufgabe jeder Einzelne von uns hat, um sich von der Last der Schuld zu befreien, letztendlich, um das mitgebrachte, individuelle Potenzial entfalten zu können. Die Heilmittel hierfür sind das Vergeben und das Verzeihen auf beiden Seiten. Der Dalai Lama spricht davon, dass sie zu den wichtigsten menschlichen Kompetenzen zählen.

So tragen wir alle auf diese Weise nicht nur zu unserer, sondern auch zur Befreiung der deutschen Volksseele bei, sodass ihr Wesen auf natürliche Weise wieder Verjüngung und Erneuerung erwirkt und neue, frische Zweige in unserer Kulturlandschaft hervorzubringen vermag. Indem wir uns unserem eigenen Schuldgefühl zuwenden und es erlösen, kommt vermehrt das Gute und Wahre in uns zum Vorschein. Gleichzeitig tragen wir auch dazu bei, dass der schwarze Mantel der kollektiven Schuld leichter wird und sich irgendwann ganz auflöst. Wir alle können dazu unseren erlösenden Beitrag leisten. Je mehr Licht wir in diese Schattenthemen bringen, desto mehr verändert sich unsere Energie, die Frequenz, auf der unser ganzes System schwingt. Und umso leichter finden wir Zugang zu den hochfrequenten spirituellen Ebenen unseres Seins.

KAPITEL 4

Systemische Ahnenaufstellung

»Wenn wir nicht wissen, woher wir kommen,
werden wir nicht wissen, wohin wir gehen.«

Bianka Maria Seidl

Ohne Rückbindung und Integration gibt es keine Heilung. Was heißt das nun konkret? Das Wort »religare« kommt aus dem Lateinischen und bedeutet so viel wie »anbinden«, »rückbinden«, »an etwas festmachen«. So hat die Religion die Aufgabe, über die Stärkung des Glaubens die Menschen wieder mit ihrem Ursprung zu verbinden. Da im linearen Zeitverständnis der Ursprung in der Vergangenheit liegt, gilt es, sich zurückzuwenden und sich wieder anzubinden an das, was das eigene Leben erst ermöglicht hat. Das klingt logisch. Dennoch ist es nicht so einfach, denn es bedarf verschiedener Entwicklungsschritte auf diesem Weg, der letztendlich in die Ganzheit führt.

Es braucht die Integration – also die Wiedereingliederung all dessen, was wir über unseren Verstand in den vergangenen Jahrhunderten von uns abgetrennt und aus unserem Bewusstsein verdrängt haben. Die neuen Wissenschaften fördern mit ihren aktuellsten Erkenntnissen diese Bewusstseinserweiterung und nähern sich so auch immer mehr dem Spirituellen, dem Geistigen an. Alles Verleugnete und Verdrängte muss ins Bewusstsein gebracht werden. Ich meine damit den Schatten. Darunter fällt alles, was ins Unterbewusstsein verdrängt wurde. Dies betrifft sowohl unsere unbewussten, unliebsamen Seiten als auch unsere lichtvollen, weisen Anteile, vor denen wir Angst haben. Letztere kommen meist erst dann ans Licht, wenn die dunklen Aspekte größtenteils bereits durchleuchtet wurden und sich unser Bewusstsein durch viele Erfahrungen hindurch entwickelt und erweitert hat.

Alles, was in uns schaltet und waltet, und alles, auch das, was ganz und gar nicht greifbar ist, wovon wir vielleicht nicht einmal etwas wissen, muss ans Licht, also ins Bewusstsein gelangen auf dem langen Entwicklungsweg in die Ganzheit.

So gehören auch unsere Ahnen zum Schatten, solange wir die Verbindung mit ihnen verleugnen, sie aus unserem Bewusstsein verdrängen. Sie schalten und walten in unserer Innenwelt, beeinflussen unsere Stimmungen, unser Denken und Fühlen und damit unsere Entscheidungen und unsere Handlungen. Dies führt wiederum zu den Ergebnissen, die wir in unserem Leben vorfinden. Und so ist es mehr als plausibel, dass die Rückverbindung mit unseren Ahnen zu unserem Seelenheil beiträgt und dass es ohne ihre Integration in unser Leben keine Heilung und somit keine Ganzwerdung gibt.

Die Art und Weise, wie wir auf die Suche nach unseren Wurzeln gehen können, ist vom Reifegrad unserer Seele abhängig.

Daher werde ich nachfolgend von der Seele und ihrem Reifegrad sprechen, die durch einen Menschen wirkt, wenn er sich auf unterschiedliche Weise seinen Wurzeln annähert. Während Fakten, Informationen und Geschichten für jüngere Seelen ausreichend sind, um sich zu verankern, tendieren reifere Seelen dazu, sich mit dem System ihrer Familie auseinanderzusetzen und die familiären und partnerschaftlichen Probleme mittels einer systemischen Familienaufstellung zu klären. Sehr reife Seelen gehen gar noch einen Schritt weiter und wenden sich der Ahnenarbeit zu.

Ahnenforschung – auf der Suche nach unseren Wurzeln

Viele Menschen quält die Frage nach ihrer Herkunft. Sie fragen sich, welchen Beruf hatte der Urgroßvater? Wo wohnten die Vorfahren vor einem Jahrhundert? Waren manche der Ahnen vielleicht sogar berühmt? Daher suchen die Menschen die Spuren ihrer Vorfahren und hegen dabei tief in ihrem Inneren den Wunsch, sich zu verankern. Gerade in unsicheren Zeiten wie diesen. Und so boomt das Geschäft mit der Ahnenforschung. Die Erkundung der Familiengeschichten ist mittlerweile leichter denn je. Seit DNA-Analysen immer günstiger werden, muss man nicht mehr Kirchenbücher und Sterberegister wälzen, um etwas über die eigene Abstammung zu erfahren. Man bekommt das Ergebnis per E-Mail. Bei meinen Recherchen im Netz finde ich eine Schweizer Firma, die einen Test hinsichtlich der Abstammung von einem Urvolk, wie etwa von den Kelten, den Germanen, den Phöniziern anbietet. Man kann sogar erfahren, zu wie viel Prozent man beispielsweise muslimisch, jüdisch, römisch, türkisch oder schwedisch ist. Solche Ergebnisse können interessant und auch unterhaltsam sein – und das mag manchen Menschen fürs Erste ausreichen. Dennoch entsteht dadurch keine Verbindung zu den Ahnen, und auch die ererbten Lasten durch die genetische Konditionierung werden nicht weniger.

Wer nach seinen Ahnen forscht und sich näher mit seinen Großeltern der dritten und vierten Generation beschäftigt, findet alte Fotos in Archiven, erfährt manche Geschichten und sucht vielleicht sogar die Orte auf, an denen die Vorfahren gelebt haben, wie im Dokumentarfilm »Ahnenfrieden« von Simone Specht dargestellt. Die Geschichten seiner Familie zu erfahren und ihr Leid und ihren Schmerz nachvollziehen zu können lässt vor allem Verständnis und Mitgefühl entstehen. Dies schafft wiederum einen tieferen Zugang zu den Vorfahren.

Systemische Familienaufstellung – Heilung der Familienbande

Menschen, durch die bereits eine reife Seele wirkt, werden sich mit der Erforschung der Ahnengeschichte allein nicht zufriedengeben. Sie wollen mehr. Sie wollen ihre familiären und partnerschaftlichen Probleme lösen, die in ihrer Herkunftsfamilie begründet sind. So haben viele Menschen in den letzten Jahren zur systemischen Familienaufstellung gefunden, die Bert Hellinger in den 1990er- Jahren entwickelte. Er war als katholischer Priester in Südafrika tätig und leitete dort eine Missionsschule. Er bezeichnete die Familienaufstellung ausdrücklich nicht als Therapie, sondern als »Lebenshilfe-Methode«. Dieser Familienaufstellung liegt die Idee zugrunde, dass alle Mitglieder einer Familie durch emotionale Bande miteinander verknüpft sind. Sind diese Verbindungen gestört, kann dies zu psychischen Problemen bis hin zu Erfolglosigkeit und Krankheit führen.

Ähnlich wie bei Konfuzius gibt es auch Hellinger zufolge eine natürliche hierarchische Ordnung in der Familie. Wird diese gestört, weil zum Beispiel ein Mitglied ausgeschlossen oder nicht angemessen geachtet wird, so ist das energetische, das morphogenetische Feld der Familie erheblich belastet. Nahe Angehörige, aber auch Generationen später lebende Nachkommen können sich mit dem Schicksal des »Ausgeschlossenen« identifizieren – was unbewusst Verstrickungen innerhalb der Ahnenreihe entstehen lässt. Diese können Krankheiten jeglicher Art bei den Betroffenen auslösen, sowohl psychische Erkrankungen (etwa Depressionen) als auch körperliche Krankheiten (beispielsweise Allergien oder Krebs).

Bei der systemischen Familienaufstellung geht es folglich darum, die natürliche Ordnung in der Familie wiederherzustellen und dadurch die verschiedenen Problematiken wie Krankheit oder auch Erfolglosigkeit aufzulösen. Zur Familie zählen die Eltern, die Geschwister, die Geborenen und die Abgetriebenen sowie auch die Großeltern väterlicher- und mütterlicherseits. Die nachfolgenden Generationen werden in die Familienaufstellung nicht weiter mit einbezogen.

Systemische Ahnenaufstellung – Befreiung von den Lasten des genetischen Erbes

An dieser Stelle möchte ich meine Geschichte etwas ausführlicher erzählen, bei der ich Zugang zum Reich der sieben Generationen erfahren durfte und zugleich die Ursache für mein inneres Gefühl der Bodenlosigkeit erkennen und in die Heilung bringen konnte.

Ich erinnere mich sehr gut. Die Aufstellung war an einem Mittwochnachmittag. Am nächsten Tag wollte ich mit einer Freundin für ein langes Wochenende zum Wandern nach Österreich fahren. Der Schamane eröffnete betend, unter den Schlägen seiner Trommel, das morphogenetische Feld meiner Ahnen. Es zeigte sich, dass ich mit den ersten Generationen, meinen Eltern, meinen Groß- und auch Urgroßeltern keine Verstrickungen mehr hatte. Ich war erleichtert. Zugleich wurde ich darin bestätigt, dass meine vielen Bemühungen hinsichtlich der Klärung meiner Herkunft erfolgreich gewesen waren. Die Ursache für mein Gefühl der Bodenlosigkeit musste weiter zurückliegen. In der fünften Generation tauchte sie dann auf.

Während ich auf einem DIN-A3-großen Fotokarton stand, der als Platzhalter für diese Generation diente, hatte ich das Gefühl, in einer schwarzen Leere zu sein. Ich fühlte die Bodenlosigkeit, war ohne Orientierung, ohne Anbindung, die ich noch kurz zuvor bei den anderen Generationen gespürt hatte. Mir wurde in dem Moment auch ganz deutlich bewusst, dass ich vor diesem Gefühl immer geflüchtet war. Es fühlte sich so an, als wäre die Verbindung unterbrochen. Der Schamane hielt mich dazu an, noch genauer hinzufühlen, doch es blieb eine gähnende Leere und Schwärze. Erst nachdem ich mich von dem Bodenanker, eine andere Bezeichnung für den Platzhalter, gelöst und er einige Energieübungen mit mir gemacht hatte, stellten sich Bilder ein – als ich wieder auf dem Bodenanker stand. Ich sah eine Feuersbrunst, fühlte die Panik und das nackte Entsetzen in der Situation und konnte erkennen, dass ein Gehöft lichterloh brannte und Menschen darin ihr Leben verloren. Der Schamane leitete mich zu einem Gebet an. Er erklärte mir, dass hier der Strom der Generationen unterbrochen sei und dass es meine Aufgabe wäre, diese Heilungsarbeit zu leisten und die verlorenen Seelen zu überführen. Wahrscheinlich hatte er meinen fragenden und zweifelnden Blick gesehen, denn er sagte mit Nachdruck: »Du kannst das.«

Am nächsten Tag fuhr ich mit meiner Freundin nach Österreich zum Wandern, wie ausgemacht. Dort hörte ich von ihr, dass sie unter Höhenangst litt und ich daher allein auf das 2400 Meter hohe Kellerjoch steigen sollte. Ich war zwar nicht erfreut darüber, dennoch machte ich mich am nächsten Morgen sehr früh allein auf den Weg. Kurz vor der Mittagszeit war ich oben auf dem Gipfel bei einer kleinen Kapelle angelangt. Ich war ganz allein und genoss die Stille und Weite, die mich umgab. Ein paar Tage zuvor hatte ich ein neues Handy bekommen, an das ich mich plötzlich erinnerte. Ich machte ein paar Selfies mit den schneebedeckten Bergspitzen im Rücken.

Erst zwei Wochen später erinnerte ich mich wieder daran. Beim Ansehen der Fotos war ich dann mehr als erstaunt. Doch mehr dazu ein wenig später.

Allmählich kamen weitere Wanderer zum Gipfel, und so entschied ich mich für den Rückweg. An einer engen, sehr steilen Stelle traf ich auf eine Frau in meinem Alter. Die Haare kurz, mit einem Band aus der Stirn gehalten, kam sie mir von unten entgegen. Sie sah mich mit ihren klaren blauen Augen direkt an und sagte spontan und unmittelbar zu mir: »Wer schaut me na durch di o?« (»Wer schaut mich durch dich an?«) Ohne auch nur eine Sekunde zu zögern, antwortete ich: »Meine Großmutter aus der fünften Generation.« Und die Frau entgegnete darauf: »Ja, und verbrennt sans. Du muast eana helfa, die armen Seelen fürchtn se so vorm Fegfeia, sie fühl'n se schuldig.« (»Ja, und sie sind verbrannt. Du musst ihnen helfen, die armen Seelen fürchten sich so vor dem Fegefeuer und fühlen sich schuldig.«) Woraufhin ich wiederum bemerkte: »Ja, ich weiß schon, hatte bisher bloß keine Zeit dazu.« Als ich das sagte, schämte ich mich, weil mir bewusst wurde, dass ich dem Schamanen zu wenig Gehör geschenkt hatte. Die Frau stieg an mir vorbei weiter nach oben und sagte noch: »Also, dann alles Guade dir«, und auch ich verabschiedete mich dankend bei ihr.

Dieses Erlebnis hatte mich wie ein Blitz getroffen. Ich zitterte am ganzen Körper, war zutiefst beschämt, weil ich mich nicht gleich um die Heilung gekümmert hatte. Zugleich war ich freudig erregt über diese so eindeutig klare und offensichtliche Führung, die ich erfuhr. Einige Hundert Meter tiefer fand ich einen Platz, an dem ich mir Zeit für die Heilung meiner Ahnen nahm und die beiden Seelen meiner Großeltern aus der fünften Generation überführte. Ohne nachzudenken, wusste ich, was zu tun war. Ich rief die beiden Seelen und sprach mit ihnen über ihre Furcht und ihre Schuldgefühle. Ich erklärte ihnen, dass dies ein von Menschen gemachtes Konzept sei. Dass sie sich jetzt vertrauensvoll dem Lichtstrom der Liebe hingeben könnten, der durch mein intensives Gebet entstehe.

Nach einer Weile des Zögerns entschieden sie sich zu gehen, und ich verabschiedete mich von ihnen. Im selben Moment spürte ich einen tiefen Frieden durch mich hindurchziehen, der mein Herz unendlich weit werden ließ. Tiefe Dankbarkeit für mein Leben, mein Sein und Wirken machte sich in mir breit. Ich war überglücklich, verspürte die große Sinnhaftigkeit in diesem Akt der Integration und Wiederanbindung.

Zwei Wochen später entdeckte ich dann die Fotos, die ich oben auf dem Gipfel von mir gemacht hatte, und konnte darauf ebenfalls meine Großmutter in mir erkennen.

Reife Seelen

Seit diesem Erlebnis entfaltet sich in mir die schamanische Kraft, die latent immer da war, die jedoch erst durch diese Erfahrung und die Anbindung an diese Ahnin in mir verstärkt wurde. Seither wage ich es auch, mich damit öffentlich zu zeigen. Meine Trommel, die ich mir ein Jahr zuvor gekauft hatte, ohne zu wissen, was ich damit machen würde, kam endlich zum Einsatz und begleitet seither viele Menschen durch die Räume ihrer Seele zu ihren inneren Verbündeten und zu ihren Ahnen. Mittels ihrer Klänge gelangen die Menschen in Verbindung mit ihren sieben Generationen, klären ihre Verstrickungen mit den Ahnen, erhalten deren Attribute der Stärke und Weisheit für ihren Alltag, vor allem aber für die Entfaltung ihres individuellen Potenzials.

Im Laufe der Zeit entstand daraus die von mir entwickelte Ahnenaufstellung »Der Ahnenfrieden - Die Kraft aus unserer Herkunft«, die bisher vielen Menschen geholfen hat, mit sich und ihrer Herkunft ins Reine, in den Frieden zu gelangen; es gibt sie mittlerweile auch als siebenteiligen Online-Kurs (→ Seite 196).

Menschen, deren Seele bereits einen höheren Reifegrad erreicht hat, fühlen ganz deutlich ihre Verbindung zu ihren Ahnen. Sie nehmen gewisse Verhaltensweisen, Gefühle und auch Einstellungen in sich selbst wahr, die sie nicht zuordnen können, weil es in ihrer bisherigen Biografie dafür keine Ereignisse gab. Sie spüren jedoch, dass sie Lasten ererbt haben, an denen sie schwer zu tragen haben. Menschen, durch die eine sehr reife oder gar alte Seele wirkt, sind physisch nicht mehr so stark belastbar wie ein Körper, in dem eine junge Seele weilt. So sind sehr reife bis alte Seelen daran interessiert, dass sie sich von jeglichen übernommenen Lasten befreien. Da sie auch durchlässiger sind für die geistigen Welten, ist ihnen wichtig, in einer stärkenden und liebevollen Verbindung mit ihren Vorfahren zu stehen, sodass sie deren nährende Ressourcen für ihren weiteren Entwicklungsweg nutzen können.

Menschen mit einer bereits sehr gereiften Seele sind stark geistig orientiert. Sie sind durchlässiger, da sie die Materie durch die vielen Inkarnationen hindurch auf viele unterschiedliche Weisen gemeistert haben und sich auf dem Heimweg befinden. Daher sind sie offener und empfänglicher für Heilarbeit auf der geistig-seelischen Ebene.

Von der Resonanz zum Leid unserer Vorfahren

Die Entwicklungsthemen der eigenen Seele erzeugen die Resonanz zum Leid der Vorfahren. Hinter jedem Leid liegt eine Lernaufgabe, hinter jedem Problem eine Herausforderung und hinter jedem Schmerz auch die Freude am Sein. Die Ahnenreihe umfasst aus schamanischer Sicht sieben Generationen, die jetzt noch unser Leben durch ihre Erfahrungen beeinflussen - positiv wie negativ. Wenn wir nun einmal zählen, wie viele Ahnen es in sieben Generationen gibt, so werden wir zu der Zahl 254 kommen. Sie ergibt sich aus folgender Addition:

Eltern (2) + Großeltern (4) + Urgroßeltern (8) + Ururgroßeltern (16) + Urururgroßeltern (32) + Ururururgroßeltern (64) + Urururururgroßeltern (128) = 254 Ahnen.

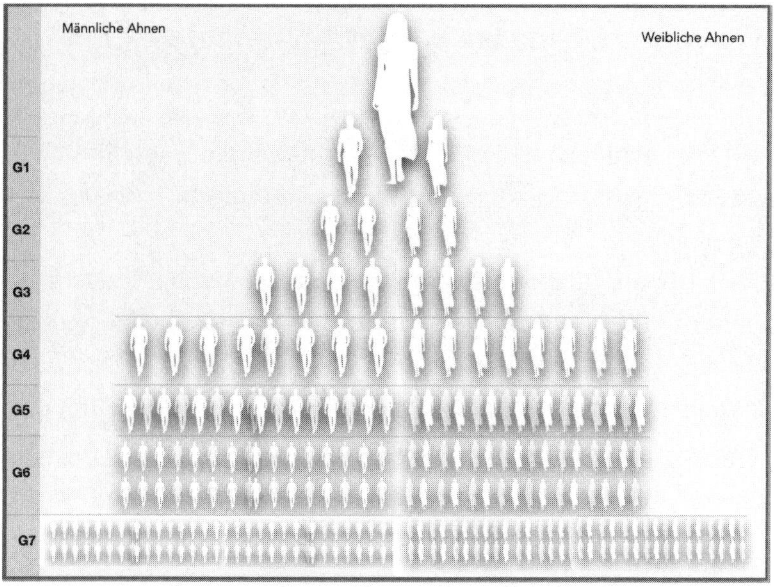

Diese Grafik weicht von der uns bekannten Stammbaum-Darstellung ab. Da Energie nur plus und minus kennt, teilen sich die Ahnen in männliche und weibliche auf. Auch unser Körper hat einen Plus- und Minuspol. Wir nehmen die Energie der Ahninnen über das linke Fußchakra und die linke Körperseite auf, und die männliche Ahnenenergie über die rechte Seite.

Haben wir mit all unseren 254 Ahnen eine spürbare Verbindung? Oder anders gefragt: Vererben uns alle Ahnen ihre Erfahrungen, und tragen wir von allen eine Last? Hierzu kann ich aus meiner langjährigen Erfahrung sagen: nein. Vielmehr haben wir oder besser gesagt hat unsere Seele eine Resonanz zu ganz bestimmten Ahnen innerhalb der Ahnenreihe. Es sind jene Ahnen, die ähnliche Entwicklungsthemen haben wie unsere eigene Seele. Auf diese Weise gehen wir in Resonanz zum Leid dieser Ahnen und tragen oftmals auch deren Lasten.

Bestimmt interessiert es dich, wie so eine Ahnenaufstellung im Detail abläuft, daher beschreibe ich es nachfolgend so anschaulich wie möglich.

Vorgehensweise bei der Ahnenaufstellung

Ich vollziehe die Arbeit mit der Ahnenreihe seit über zehn Jahren mit den nachfolgenden vier wichtigen Schritten. Diese Form der systemischen Ahnenaufstellung wird kontinuierlich von mir weiterentwickelt.

Vor Beginn der Aufstellung verbinde ich meine Klienten bewusst mit dem höheren Bewusstsein. Ich fungiere in dem Fall als Verstärker. Die Verbindung ist ja immer da, jedoch braucht es eine Frequenzerhöhung, damit aus dieser Bewusstseinsebene Impulse empfangen werden können. Mir ist dabei auch ganz wichtig, dass meine Klienten die Verbindung wie eine Telefonleitung testen. Erst wenn sie eine spürbare »Antwort« erhalten haben, beginnen wir mit der Aufstellung. Diese Verbindung ist eine wichtige Voraussetzung, damit Schritt 3 - die Phase der Transformation - auch gelingt.

Schritt 1

Anfangs steht die Klientin mit geschlossenen Augen *vor* dem Bodenanker der ersten Generation, ihren Eltern. Begleitet von sanften, langsamen Trommelschlägen führe ich sie in einen entspannten Zustand. Dann helfe ich ihr, sich auf ihre Absicht zu besinnen, dass sie mit dem nächsten Schritt rückwärts in die energetisch-informative Verbindung mit dieser Generation treten wird.

Ab einem bestimmten Moment, den ich über meine innere Führung erkenne, bitte ich sie, einen Schritt rückwärts zu machen und sich *auf* den Bodenanker der betreffenden Generation zu stellen. Dabei leiten schnelle Trommelschläge sie tiefer in ihr Bewusstsein. Zeitgleich findet der Zugang zum Feld der Generation statt, während sich die Verbindung aufbaut und über den Körper erfahrbar wird. Anhand der wahrnehmbaren körperlichen Veränderungen kann nun erspürt werden, inwieweit Belastungen vorhanden sind. Mittels Fragen leite ich meine Klientin an, sodass sie aufgrund ihrer Antworten erkennt, wie sich diese Belastungen in ihrem Alltag auswirken, was dadurch begrenzt oder gar verhindert wird und somit ihrer Weiterentwicklung im Weg steht.

Schritt 2

Nachdem erkannt wurde, ob und in welchem Umfang ererbte Lasten vorliegen und wie sich diese im Alltag auswirken, besteht der zweite Schritt darin, eine bewusste Entscheidung für eine Befreiung von der genetischen Konditionierung zu treffen. Das hört sich einfach an, ist jedoch nicht immer leicht. Denn wir Menschen lieben das, was uns vertraut ist, und mögen das Unwägbare nicht. Immer wenn wir uns für etwas entscheiden, gilt es zugleich auch immer etwas loszulassen, und das erzeugt eine Unsicherheit. Darum halten viele lieber am Bekannten und Vertrauten fest, aus Angst, das Neue nicht kontrollieren zu können. So dauert es manchmal eine ganze Weile, bis sich eine Klientin zu diesem Schritt aus ganzem Herzen entscheiden kann. Doch ohne diese klare Entscheidung ist Schritt 3 nicht möglich. Das passiert äußerst selten, und wenn dies einmal geschieht, kann die Transformation in dieser Generation noch nicht durchgeführt werden.

Schritt 3

Im dritten Schritt geht es darum, die Verstrickung mit der jeweiligen Generation zu klären, sich von den ererbten Lasten zu befreien, sie zu transformieren und so die Ahnenverbindung zu heilen. Hier leite ich meine Klientin wieder an. Ich erinnere sie daran, dass sie mit dem höheren Bewusstsein verbunden ist. Dann lass ich sie jene Stellen im Körper spüren, wo sie die Belastungen wahrnimmt. Vom höheren Bewusstsein soll sie dann eine greifbare Form für diese Belastung erbitten. Die Frage lautet hier: Wie sieht diese Belastung aus? Es ist immer wieder erstaunlich, wie klar und präzise die Anleitungen aus dem höheren Bewusstsein zu meinen Klienten kommen - egal, ob es sich um Frauen oder Männer handelt. Nachdem die Form erkannt ist, geht es darum, diese Form und die damit verbundene Energie und Information aufzulösen. Auch hierfür holt sich meine Klientin wieder die Anleitung vom höheren Bewusstsein und führt die erhaltenen Anweisungen anschließend aus.

Diese Transformation findet auf der geistig-seelischen Ebene statt, ist jedoch zeitgleich auf der körperlichen Ebene in Form von Erleichterung und Befreiung von der vorher wahrgenommenen Last spürbar. Es folgen noch einige rituelle Sätze, um diesen dritten Schritt abzuschließen. Anschließend steht meine Klientin frei in dieser Verbindung und hat das Gefühl, sie selbst sein zu können.

Schritt 4

Nun, im vierten Schritt, heißt es, sich für die Ahnengabe zu öffnen und das in Empfang zu nehmen, was an guten Eigenschaften, Talenten und Stärken im Feld der Sippe vorhanden ist, sodass auch die nachfolgenden Generationen, unsere Kinder und Kindeskinder, davon genährt werden. Hierfür nutze ich wieder meine Trommel, leite meine Klientin an, die Ahnengabe von dieser Generation zu erbitten, sich dafür zu öffnen und sie dankbar in Empfang zu nehmen. Dabei handelt es sich unter anderem um Qualitäten wie Mut, Stärke, Zusammenhalt, Lebensfreude, Freiheit, Ehrlichkeit, Treue und viele mehr. Die empfangenen Qualitäten werden in dem Moment, wo sie empfangen werden, im Inneren der Klientin aktiviert und stehen ihr fortan als innere Ressourcen zur Verfügung. Jedoch braucht es einen Prozess des Verinnerlichens, ohne den es schwerfällt, sich zu erinnern, in den Momenten, wo diese Qualitäten im Alltag gebraucht werden. Daher folgt der Ahnenaufstellung ein 21-Tage-Prozess, der zum einen dazu dient, dem Körper zu helfen, die gelösten Lasten auf der körperlichen Ebene auszuscheiden, und zum anderen hilft, die Gaben der Ahnen zu verinnerlichen, sodass sie dann auch abgerufen werden können, wenn sie im täglichen Leben gebraucht werden.

Schritt 5

Seit Kurzem füge ich je nach Teilnehmer einen fünften Schritt hinzu, bei dem es darum geht, den Traum der jeweiligen Generation zu erkunden, um zu erfahren, welche Visionen die betreffende Generation hatte. Denn: Die Gaben unserer Ahnen sind Auf-Gaben, die wir auf unsere einzigartige Weise erfüllen sollen und die bereits auf das hinweisen, wofür wir angetreten sind - auf unsere Bestimmung. Indem die Gaben unserer Vorfahren in uns fortleben und wir sie auf unsere individuelle Art und Weise in einer modernen Form leben, sind wir der Traum unserer Vorfahren (→ auch Seite 178). Es ist allemal erhellend, davon Kenntnis zu gewinnen, sagt es doch auch etwas über unsere Bestimmung aus. Dieser Schritt ist nicht bei jedem Menschen an der Reihe. Meine innere Führung lässt es mich wissen, wann dieser fünfte Schritt angebracht ist.

Abschluss

Zu guter Letzt gilt es, sich für das, was sich gezeigt hat, was geklärt, gelöst und geheilt werden konnte, zu bedanken und die Verbindung zu der jeweiligen Generation zu segnen. Auf diese Weise fließt der ursprüngliche Strom der Kraft wieder frei und nährt uns mit dem, was die Welt im Innersten zusammenhält. Hierbei erlebe ich oft, wie tiefe Dankbarkeit und innige Verbundenheit zwischen meiner Klientin und ihren Generationen spürbar werden.

Die systemische Ahnenaufstellung, wie ich sie praktiziere, dauert in der Regel zwischen 3,5 und 4,5 Stunden. Sie stellt eine Vertiefung und Erweiterung der systemischen Familienaufstellung dar. Sie berücksichtigt unsere Verbindung mit den letzten sieben Generationen.

Während die Forschungsergebnisse der Epigenetik bereits beweisen, dass sich die Erfahrungen der Ahnen bis zu vier Generationen übertragen, bringt die schamanische Ahnenarbeit das genetische Erbe der letzten sieben Generationen ins Bewusstsein und verhilft darüber hinaus, sich von den Lasten des genetischen Erbes zu befreien. Die Auswirkungen sind vielfältiger Natur, wie ich mit den nachfolgenden Fallbeispielen aus der Praxis aufzeigen werde. Eine Qualität, die sich bei allen Menschen einstellt, die diese Form der Ahnenarbeit gemacht haben: Ein größerer innerer Friede ist spürbar, der oftmals einhergeht mit mehr Ruhe und Gelassenheit im Alltag.

Es ist letztendlich egal, wie sich Menschen ihren Wurzeln wieder nähern. Die Beschäftigung mit den Ahnen ist in jeglicher Hinsicht sinnvoll und Frieden stiftend.

Aus der Praxis – verschiedene Fallbeispiele

Anhand der nachfolgenden, unterschiedlichen Fallbeispiele möchte ich dir die Praxis der Ahnenaufstellung sowie auch die Durchführung und meine ganz eigene Vorgehensweise näher bringen. Anmerken möchte ich noch, dass ich bei allen nachfolgenden Beispielen die Vornamen meiner Klientinnen geändert habe.

Beispiel 1: Sabine – nach der Befreiung von den ererbten Lasten der Vorfahren in die Selbstständigkeit

Sabine kam zu mir, weil sie das Gefühl hatte, innerlich von jemandem zurückgehalten zu werden. Sie verspürte das immer dann am deutlichsten, wenn sie die Absicht hatte, in ihrem Leben eine größere Veränderung herbeizuführen. Sie beschrieb mir diesen Zustand so, als würde sie an einem Gummiband zurückgezogen werden, sobald sie einen größeren Schritt vorwärts machen wollte. Dabei gingen ihr immer die gleichen Gedanken durch den Kopf.

»Sei zufrieden mit dem, was du hast. Halte dich zurück! Es ist doch besser so, wie es ist, da weißt du, was du hast.« Zugleich hatte sie innere Bilder von Szenarien, wo sie sich scheitern sah mit ihrem Vorhaben, mit ihrem Wunsch nach Veränderung. Diese inneren Bilder hatten eine so starke Wirkung auf sie, dass sie schließlich von ihrem Vorhaben abließ und alles beim Alten blieb.

Nachdem ihr das mehrmals so ergangen war, fing sie an, sich auf die Suche nach der Ursache zu machen, und holte sich dabei Unterstützung. Sie machte mehrere systemische Familienaufstellungen, die zwar ein wenig Licht in die familiären Verhältnisse ihrer Herkunftsfamilie brachten, doch das innere Gummiband hielt sie weiterhin zurück, und viele Chancen blieben ungenutzt. Sie war kurz davor zu resignieren, da hörte sie vom Einfluss der Ahnen auf das individuelle Leben. Sie beschloss, dies auszuprobieren und sich selbst nochmals eine Chance zu geben. So begab sie sich auf die Suche und fand schließlich zu meiner schamanischen Aufstellungsarbeit.

Ohne Vorwissen über ihre Herkunftsfamilie begannen wir mit der Aufstellung. Bei geschlossenen Augen, beginnend bei der ersten Generation, ihren Eltern, führte ich sie in die energetisch-informative Verbindung. Der Kontakt verlief ohne besondere Auffälligkeiten. Sie war im Reinen mit ihren Eltern. Auch die Verbindung mit ihren Großeltern war unauffällig und zeigte keinerlei ererbte Lasten an. Als sie dann in die Verbindung mit ihren Urgroßeltern trat, verspürte sie plötzlich, dass ihr Hals wie zugeschnürt war, so, als würde sie eine enge Halskrause tragen. Auch ihr Herz verengte sich. Sie hatte das Gefühl, dass eine große Last auf ihrem Herzen lag, die sie allerdings nicht auszusprechen wagte, da von irgendwo her Gefahr drohte, wenn sie es tun würde. Sie nahm zudem wahr, dass sich ihre Beine so schwer anfühlten, als wären sie festbetoniert.

Um die Auswirkungen dieser ererbten Lasten deutlicher zu machen, fragte ich sie nun, ob es Dinge gebe, die sie in diesem Zustand nicht machen könne. Meine Klientin erkannte, dass sie ihre Gefühle nicht mitteilen und sich deshalb auch nicht vorwärtsbewegen konnte. Daraufhin wies ich sie an, einmal gedanklich in ihren Alltag zurückzukehren. Nun wollte ich von ihr wissen, ob sie diese Einschränkungen – nicht gut mitteilen zu können, was sie auf dem Herzen trägt, und sich im Leben nicht richtig vorwärts bewegen zu können – in ihrem alltäglichen Leben erfahren und, wenn ja, in welchem Lebensbereich sich diese Einschränkungen vor allem zeigen würden.

Durch meine Fragen erkannte sie sofort, dass dies ihrer Situation entsprach, der sie zu entkommen suchte. Ich erklärte ihr, dass das, was sie gerade so deutlich wahrnahm, das genetische Erbe ihrer Urgroßeltern war, das in ihr bislang unbewusst gespeichert war.

Nachdem sie das erkannt hatte, leitete ich sie an, sich zu entscheiden, sich von dieser ererbten Last zu befreien. Es dauerte eine Weile. Das Zögern zeigt sich bei meiner Entscheidungsaufforderung sehr oft, denn zugleich gibt es da eine gewisse Angst vor dieser Veränderung. Nach einer längeren Weile konnte sie sich dafür entscheiden, und wir konnten die Arbeit mit der Auflösung dieser energetischen Ahnenmuster fortsetzen. Im Anschluss daran wies ich sie an, die Ahnengabe von ihren Urgroßeltern zu erbitten, die jetzt erst, nachdem die Verstrickung gelöst war, empfangen werden konnte.

Meine Klientin wurde beschenkt mit der Qualität der Hingabe. Diese Fähigkeit stand ihr ab sofort in ihrem Leben zur Verfügung, und sie konnte darauf zurückgreifen, wann immer diese Qualität gefordert war. Zum Abschluss bedankte sie sich und würdigte ihre Ahnen der dritten Generation für ihren Weg, für all das, was sie erlitten, ertragen und erduldet hatten. Sie bedankte sich auch für ihre Stärken, die sie auf ihrem beschwerlichen Weg entwickelt hatten. Nach einer kurzen Pause, in der sie schreibend über ihre inneren Erfahrungen und Erkenntnisse reflektierte, ging es dann rückwärts zur vierten Generation, zu ihren Ururgroßeltern. Hier fand der gleiche Ablauf statt – und auch hier war das Thema der Selbstverleugnung bei den weiblichen Ahnen zu finden, wenngleich in leicht veränderter Form. Die Ursache dafür fand meine Klientin schließlich erst in der sechsten Generation. Dort machte sie die Erfahrung, dass eine Ahnin dafür, dass sie sich mutig geäußert hatte, auf das Schmerzlichste bestraft worden war und sich damals geschworen hatte, nie wieder ihr inneres Wissen kundzutun. An dieser Stelle konnte die Ursache für dieses Thema der weiblichen Ahninnen gelöst werden, das meine Klientin zeit ihres Lebens belastet hatte.

Einige Monate danach schrieb ich sie an, um mich nach ihrem Befinden zu erkundigen. Freudig teilte sie mir mit, dass sie sich mittlerweile selbstständig gemacht hatte und immer noch erstaunt sei über ihren plötzlichen Mut und auch Elan, die ihr halfen, endlich das zu verwirklichen, wovon sie innerlich schon lange geträumt hatte.

Oft werde ich gefragt, wie das denn möglich ist, dass während der Aufstellung plötzlich so deutliche, körperliche Veränderungen auftreten. Manche Menschen stehen völlig schief, andere wanken hin und her, wieder andere werden von einer unsichtbaren Kraft mit dem Kopf zum Boden gerichtet, niedergedrückt und haben Mühe, sich auf den Beinen zu halten.

Wie bereits mehrmals erwähnt, ist jede Spezies über ein eigenes morphogenetisches Feld miteinander verbunden. Auch die Sippe eines Menschen hat ein morphogenetisches Feld, in dem alles gespeichert ist, was diese Sippe bislang erfahren und auch gelernt hat. Meine Arbeit besteht darin, dieses Feld für meine Klienten zugänglich zu machen, sodass sie in Kontakt treten können und Zugang zu den Informationen und Energien erhalten, zu denen ihre Seele in Resonanz geht. Interessant ist auch, dass spätestens ab den Urgroßeltern der Verstand nicht mehr mitwirken kann. Er kann hier nicht dienlich sein, da er keine Daten aus der Vergangenheit über die Vorfahren besitzt. Das Spannende daran ist, dass in dem Moment, wo der Verstand zur Ruhe kommt, diese Energie frei wird und damit den intuitiven und fühlenden Wahrnehmungskanälen zur Verfügung steht, woraufhin sich die innere Wahrnehmung um ein Vielfaches verstärkt.

Dies wird vor allem bei Männern sehr deutlich, da sie in der Regel vom Verstand geleitet werden. Wenn zum Beispiel das, was sich in der fünften Generation über die Körperempfindung zeigt, mit nichts aus der Vergangenheit abgeglichen werden kann, dann verrückt das oftmals das bisherige Weltbild. Denn eigentlich dürfte das nicht möglich sein. Wie kann ich mich plötzlich körperlich so ganz anders fühlen, wenn ich bewusst die Verbindung mit meinen Großeltern der fünften Generation aufnehme? Wieso fühle ich plötzlich eine Last auf meinen Schultern, Atemnot und Enge im Brustbereich und habe Beine, so schwer, als hätte ich Betonstiefel an? Das kann der Verstand nicht begreifen, und so gibt er sich geschlagen, lässt los, tritt in den Hintergrund. Und dann geschieht die Magie. Die innere Wahrnehmung verstärkt sich. Plötzlich tauchen klare Bilder auf von Orten und Landschaften, in denen die Ahnen gelebt haben - manchmal auch deren Gesichter. Damit einhergehend können schmerzvolle Gefühle wie Trauer, Ohnmacht, und Resignation gefühlt werden. Dabei ist es wichtig, eine Führung bei sich zu wissen, die mit einem ganzheitlichen Blick und einer ausgeprägten Intuition einfühlsam durch diesen Prozess leitet, sodass sich der Mensch, der gerade tief im Unterbewusstsein diese Erfahrung macht, nicht verliert, dass er sich bewusst ist, dass er gerade die ererbten Erfahrungen seiner Großeltern der fünften Generation bewusst erfährt, die er seit seiner Geburt als Last bei sich trägt, ohne dass er davon bislang wusste.

Beispiel 2: Agnes – wie sich durch die Klärung der genetischen Konditionierung eine als unheilbar diagnostizierte Krankheit deutlich verbesserte

Agnes hatte sich zu meinem siebenteiligen Online-Kurs, »Der Ahnenfrieden«, angemeldet. Wir waren eine kleine Gruppe, und so konnte ich sehr gut individuell auf die Teilnehmerinnen eingehen. Agnes hatte ein Handicap. Sie saß im Rollstuhl. Daher schrieb sie mich im Vorfeld an und erkundigte sich, ob sie unter diesen Umständen teilnehmen könne. Ich bejahte und teilte ihr mit, dass es wichtig wäre, dass sie ihre Füße auf den Bodenanker stellen könne. Wenn das möglich sei, stünde der Aufstellung nichts im Weg.

Während des Kurses, bei dem jede Woche eine andere Generation aufgestellt wurde, teilte sie uns auch den Grund mit, warum sie seit sieben Jahren im Rollstuhl saß. Sie hatte Multiple Sklerose, hatte jedoch von Anfang an das Gefühl gehabt, dass es nicht *ihre* Krankheit war. Das war auch ihre Motivation gewesen, an dem Kurs teilzunehmen, vermutete sie doch, dass sie die Krankheit aus ihrer Ahnenreihe übernommen hatte.

Während des Kurses zeigt sich, dass mehrere ihrer Vorfahren schwere Verletzungen an den Beinen erlitten hatten. Einige waren bei einem Brand schwer verletzt worden, andere wiederum hatten ihre Beine bei einem Unfall verloren. Von der dritten bis zur siebten Generation waren verletzte Beine ein Thema. Agnes konnte körperlich sehr deutlich die unterschiedlichen Verletzungen spüren. Durch die Transformationsarbeit wurde bei jeder Generation der Anteil, den sie übernommen hatte, zurückgegeben, die epigenetische Konditionierung gelöst und die Loyalität zum Leid ihrer Vorfahren bewusst beendet.

Nach der Aufstellung der dritten Generation schrieb sie mir zwei Tage später eine Mail: »Ich bin ganz happy!!! Es haben sich wohl eine oder mehrere Blockaden gelöst. Gleich nach der Aufstellung hatte ich ein ganz anderes Gefühl in den Füßen, ganz leicht, so normal eben. Ich stehe plötzlich mit Schwung auf und stehe kraftvoll auf meinen Beinen, Festhalten nur noch mit 20 Prozent Krafteinsatz. Vorher habe ich nur mit der Kraft der Arme gestanden. Es wurde mir erst einen Tag später bewusst, da es auf einmal völlig normal war und so spontan. Welch ein Gefühl, sich so ›gesund‹ zu fühlen. Das Tüpfelchen auf dem i kommt noch, ich spüre es, bald laufe ich wieder. Yieepee!!!«

Von Woche zu Woche ging es Agnes sichtlich besser. Nachdem der Kurs beendet war, schrieb sie mir, dass sie weitere Fortschritte gemacht habe. Sie könne jetzt bereits einige Schritte gehen. Zudem habe sie einen Mann kennengelernt, und beide hätten sich ineinander verliebt, sodass ihr vorher einsames und unglückliches Leben eine wundervolle Wende genommen hatte. Sie fühle sich befreit und erleichtert, und dafür wolle sie sich nochmals bedanken.

Beispiel 3: Ines – die Heilung der Ahnenreihe bringt das eigene verletzte innere Kind ans Licht

Eine Klientin, mit der ich kürzlich die Ahnenaufstellung gemacht hatte, schrieb mir einige Tage danach, dass ihr Reizhusten, der sich in der Verbindung mit der sechsten Generation verstärkt hatte, nach der Aufstellung noch stärker geworden sei als vorher. Sie bat mich um Rat und Hilfe. Intuitiv wusste ich sofort, dass es mit ihrem verhinderten Selbstausdruck zusammenhing. Bereits während des Anamnese-Gesprächs hatte sie mir erzählt, dass sie in der Verwaltung einer großen staatlichen Einrichtung arbeitete und dass es dort nicht angebracht sei, sich »weiblich« zu kleiden. Dort gebe es strenge Hierarchien, meinte sie.

Ich hatte den Unterton in ihrer Stimme bemerkt. Es war jener Teil in ihr, der Angst davor hatte, sich zu zeigen. Während der Ahnenaufstellung wurde deutlich, dass in einigen Generationen ihre Ahninnen ein blockiertes Kehl-Chakra (Energiezentrum im Hals) hatten, das für einen gesunden Selbstausdruck steht. Während der Aufstellung lösten wir diese ererbte Blockade. Nachdem die Ahnenreihe geklärt war und der Reizhusten sich sogar verstärkt hatte, musste die Begrenzung wohl auch in der Kindheit geprägt worden sein.

Jener Anteil in uns, der in der frühen Kindheit geprägt wurde, wird als das innere Kind bezeichnet. Viele Menschen tragen einen unglücklichen, traurigen und manchmal sogar verletzten Kindanteil in sich und tun sich damit im Leben schwer. Dieser verletzte Kindanteil wird irgendwann verdrängt. Ab da haust er ungehört und unerlöst in den betroffenen erwachsenen Menschen und steuert aus ihrem Unterbewusstsein heraus ihr Leben. Von Zeit zu Zeit erfährt dieser Anteil durch Ereignisse und Menschen im Außen eine Stimulierung, indem er getriggert wird. Dann reagieren diese Menschen sehr emotional, fühlen sich angegriffen, rechtfertigen sich, sind beleidigt, ziehen sich zurück oder greifen an.

Das innere Kind ist der Schlüssel zu unserer ursprünglichen Lebensfreude, zu Spontaneität und Lebendigkeit. Sobald wir diesen Anteil liebevoll nach Hause, in unser Herz holen und für seine Bedürfnisse sorgen, wandelt sich unser ganzes Leben nachhaltig. Eine andere Klientin, die ihr Kind in ihr Herz geholt hatte, berichtete mir kurze Zeit später, dass sie abends kein Bedürfnis mehr hätte, Süßigkeiten zu essen. Das sei »wirklich phänomenal«, denn seit Jahren würde sie mit ihrem Gewicht kämpfen, wissend, dass es an den abendlichen Naschereien liege. Doch sie hatte es bis dahin nicht stoppen können. Außerdem verspürte sie nun das Bedürfnis, im Haus Ordnung zu schaffen. Sie hatte damit begonnen, ihre Schränke zu durchforsten und sich von all dem zu trennen, von dem sie genau wusste, dass es ihr nicht mehr entsprach, beziehungsweise dass sie diese Dinge längst nicht mehr liebte. Das alles hat mit dem Aufspüren und Annehmen des eigenen inneren Kindanteils zu tun. Dessen Integration bewirkt eine Heilung, ein Sich-ganz-Fühlen. Zugleich bekommen die Frauen auch wieder ein Gefühl und Gespür dafür, was gut für sie, für ihren Körper und für ihre Psyche ist.

Der Wunsch nach Ordnung entsteht, denn Ordnung bedeutet, etwas in eine Reihe zu bringen, Übersicht und Klarheit zu schaffen.

Wie bereits an anderer Stelle beschrieben, hat der japanische Forscher Masaru Emoto Wasser im gefrorenen Zustand untersucht. Das Wasser wurde informiert, früher hätte man gesagt »besprochen«, so, wie es die weisen Frauen bei Krankheiten taten. Emoto ließ das Wasser von Kindern besingen, von Mönchen bebeten und von anderen Menschen mit negativen Worten wie »Hass«, «Dummkopf« und »Du bist schuld« besprechen. Dann fror er die unterschiedlichen Wasserproben ein und fotografierte die Wasserkristalle. Dabei entstanden sehr eindrucksvolle Bilder, die zeigten, dass jene Wasserproben, die mit positiven, liebevollen Absichten besprochen, besungen und auch bebetet wurden, wundervolle, klar strukturierte Wasserkristalle ausgebildet hatten. Während die anderen Wasserproben, die zum Beispiel auch mit Heavy-Metal-Musik bespielt oder mit negativen Botschaften und Wörtern besprochen wurden, keine klaren Strukturen ausgebildet hatten; diese Bilder zeigten unförmige dunkle Gebilde. Emoto veröffentlichte seine Ergebnisse, und auch die Bilder der Wasserkristalle in einem Buch noch zu Lebzeiten und konnte damit zeigen, dass es die Liebe ist, die aufbaut, ordnet und Schönheit und Harmonie erzeugt. Disharmonie, Negativität und Hass führen hingegen in die Verwahrlosung und in den Verfall. So ist es mit allem. Alles, was wir mit Liebe wahrnehmen, achten und behandeln, wird wachsen und sich entsprechend seiner natürlichen und ursprünglichen Ordnung entfalten.

Mit der Integration und Heilung unseres inneren Kindanteils verändert sich auch unsere Grundstimmung, die vielleicht bislang auf den unteren Oktaven herumgedümpelt ist. Indem wir diesen Kindanteil bewusst in seiner Traurigkeit, Verletztheit und Einsamkeit in uns aufspüren und annehmen, beginnen wir, ihm gegenüber ein liebevoller Erwachsener zu werden, der die Bedürfnisse seines Kindanteils achtet und erfüllt. So kann es sein, dass uns das heimgeholte Kind plötzlich überrascht mit bislang unbekannten Gefühlen der Spontaneität, Neugierde, Lebenslust und Freude an der Bewegung. Es kann sein, dass wir uns beim Einkauf im Supermarkt wundern, dass plötzlich andere Produkte im Einkaufswagen landen, wie zum Beispiel Fischstäbchen oder eine Pizza. Mit einem integrierten inneren Kindanteil wird unser Leben wieder bunter, vielfältiger, und wir werden wieder beweglicher und spontaner. Vielleicht passiert es sogar, dass wir uns bei einem Herbstspaziergang in einen bunten Blätterhaufen fallen lassen und ein Glücksgefühl aus frühen Kindertagen uns wonnigst das Herz erwärmt und wir lauthals lachen – aus der Freude am Sein heraus.

In der liebevollen Annahme des inneren Kindes entsteht eine liebevolle Beziehung zu uns selbst. Plötzlich ist das Gefühl der Leere weg, das wir mit so vielen verschiedenen Ersatzmitteln, wie Shoppen, Essen, Fernsehen und Arbeiten, im Übermaß vergeblich zu füllen gesucht hatten. Mit dem inneren Kind im Herzen füllen wir diese innere Leere, und mit einem Mal fühlen wir uns ganz und innerlich rund. All das ist der Beginn einer mächtigen Liebesbeziehung, der Beziehung zu uns selbst. Mächtig deshalb, weil sich damit auch all unsere anderen Beziehungen verbessern, die Beziehung zu anderen Menschen, zur Natur und letztendlich die Beziehung zu unserem Ursprung, zur Quelle. Indem die Liebe wieder fließen kann, weil wir uns selbst annehmen mit allem, was uns ausmacht – mit Licht und Schatten und auch mit unseren hilfsbedürftigen Kindanteilen –, verbindet uns die Liebe mit allem Lebendigen, und endlich fühlen wir uns verbunden, eingebunden in ein größeres Ganzes und dennoch frei.

Beispiel 4: Siglinde – wie die Klärung der Herkunft aus Abhängigkeit befreite und den Weg für eine neue Karriere eröffnete

Siglinde buchte ein Informationsgespräch mit mir. Am Telefon berichtete sie mir davon, dass sie zusammen mit ihrem Bruder im elterlichen Unternehmen arbeite, dass es jedoch seit dem Tod des Vaters und später auch der Mutter immer mehr Probleme und Meinungsverschiedenheiten zwischen ihnen beiden gebe.

Sie nahm besorgt wahr, dass sich ihr Bruder immer mehr dem Alkohol widmete, wie bereits vorher auch der Vater, und dass seine Aggressivität stetig zunahm. Es fiel ihr schwer, weiter mit ihm zusammenzuarbeiten. Doch sie hatte sich der Mitarbeiter angenommen, denen gegenüber sie sich verantwortlich fühlte. Sie suchte Rat bei mir, weil sie spürte, dass die Ursachen für dieses Verhältnis zu ihrem Bruder in ihrer Herkunftsfamilie liegen mussten. Doch sie hatte keine Idee, wie sie das Problem lösen könnte.

Nach einem ausführlichen Gespräch entschied sie sich für eine dreimonatige Zusammenarbeit mit mir, bei der auch eine Ahnenaufstellung auf dem Programm stand.

In den ersten Sitzungen führte ich sie in ihre frühe Kindheit zurück. Sie erkannte, dass damals ihr Bruder, der älter war als sie, ihre wichtigste Bezugsperson gewesen war, da ihr Vater nicht präsent und wenn, dann alkoholisiert gewesen war. Ihre Mutter hatte keine Nähe zugelassen. Siglinde erkannte, dass dadurch eine übermäßig starke Bindung zu ihrem Bruder entstanden war. Der große Bruder hatte damals die Vaterrolle übernommen, wodurch es für sie wiederum schwer gewesen war, sich ihrem Bruder gegenüber einfach wie eine Schwester zu verhalten. So hatte sie vieles zurückgehalten, aus Angst, er könnte sich von ihr abwenden und sie würde dadurch seine Fürsorge und seinen Schutz verlieren. Je älter beide geworden waren, desto stärker hatte sich ein Ungleichgewicht deutlich hervorgetan, vor allem ab dem Moment, wo der Vater verstorben war und sie beide das Unternehmen übernommen hatten. Siglinde sagte mir, dass von da an ihr Bruder immer mehr dem Alkohol verfallen sei, gerade so, als hätte er das Laster vom Vater übernommen. Er sei aggressiver geworden und hätte seine Pläne im Unternehmen egoistischer durchgesetzt. Siglinde hatte sich unbewusst angepasst. In ihr war die kindliche Prägung wirksam gewesen und hatte Gehorsam gefordert. Erst als ihre Mutter verstorben war, hatte sich in ihr etwas gewandelt. Immer häufiger hatte sich in ihr ein Widerstand gegen die Verhaltensweisen ihres Bruders geregt.

In einer anderen Sitzung schauten wir uns die überlebten energetischen Verbindungen zu ihren Eltern an. Schnell wurde klar, dass es davon eine ganze Menge gab, die eingrenzend und behindernd wirkten. Wir lösten diese nicht mehr lebensförderlichen, energetischen Bande, sodass meine Klientin freier sich selbst gegenüber sein konnte. Anschließend lösten wir auch die Verstrickungen mit ihrem Bruder, die sich im Laufe des Lebens ergeben hatten. Als Folge davon entwickelte sie mehr Mut, ihre Ansichten zu vertreten und ihrem Bruder Paroli zu bieten. Schnell zeigte sich, dass es dabei zu enormen Auseinandersetzungen kam. Schließlich spielte sie mit dem Gedanken, ihre Anteile am Unternehmen ihrem Bruder zu überlassen und eigene Wege zu gehen. Zum Ende unserer dreimonatigen Zusammenarbeit hatte sie ihre Anteile an ihren Bruder verkauft. Sie antwortete auf eine Stellenausschreibung in einer großen deutschen Tageszeitung und bewarb sich für eine Führungsposition in einem international agierenden Unternehmen in der gleichen Branche, in der sie bislang ihr ganzes Know-how bekommen hatte. Seither leitet sie große internationale Projekte, hat die Verantwortung für sehr viele Mitarbeiter und lässt ihre Werte in ihrem neuen Wirkungskreis einfließen, der sich um ein Vielfaches vergrößert hat.

Beispiel 5: Ariane – wie sich Beziehungsprobleme lösten, nachdem das belastende Erbe transformiert war

Im kurzen Vorgespräch erzählte mir Ariane von ihren Baustellen im Leben. Das Thema Beziehung wurde wichtig, weil sie einem Mann unverhofft wieder begegnet war, mit dem sie schon einmal zusammen gewesen war. Damals hatte sie die Beziehung vorzeitig beendet, da sie die Schwächen dieses Mannes zu sehr geängstigt hatte und sie vor allem wieder an die Schmerzen und Dramen mit ihrem Mann aus der zurückliegenden Ehe erinnert worden war. Ariane erzählte mir außerdem, dass ihr jüngerer Sohn Probleme hätte, seinen Weg im Leben zu finden, und dass sie sich darüber sehr viele Sorgen mache, obwohl sie wisse, dass das ihren Sohn noch mehr belasten würde. Auch mit ihrer Mutter war das Verhältnis sehr schwierig. Diese sei ihr gegenüber immer äußerst reserviert und distanziert. Ihre Mutter würde sie abwerten, sodass sie sich ihr gegenüber immer klein und ungenügend vorkomme, obwohl sie, Ariane, selbst mittlerweile über fünfzig Jahre alt sei.

Und dann war da noch ihre berufliche Zukunft, die im Nebel lag. Sie arbeitete als Physiotherapeutin in einer Klinik. Als alte Seele konnte sie dort ihren großen Erfahrungsschatz nicht in der Form einbringen, dass es sie erfüllt hätte. Sie dachte bereits seit vielen Jahren darüber nach, noch eine Ausbildung ergänzend zu ihrem Beruf zu machen, um so auch die geistig-seelische Ebene miteinbeziehen zu können, die ihrer alten Seele so vertraut war. Ich hatte den Eindruck, dass bei Ariane gerade viele Themen gleichzeitig angestoßen waren und nach Lösung und Weiterentwicklung riefen. In unserem Vorgespräch gab ich ihr zu verstehen, dass wir jetzt erst mal die Aufstellung machen und danach sehen würden, wie sich dadurch die Sicht auf die einzelnen Bereiche verändert hätte. Aus meiner Erfahrung heraus wusste ich, dass sich durch die Ahnenaufstellung einiges klären würde. Und so geschah es dann auch.

Ich berichte hier über eine Aufstellung der besonderen Art, die ich zuvor in dieser konzentrierten Form noch nie mit einer Klientin erlebt hatte. Arianes Baustellen haben sich während dieser Aufstellung, die knapp sechs Stunden gedauert hat, geklärt. Dabei hat sie tiefe Einsichten gewonnen und erkannt, dass diese Themen zusammenhingen und einen gemeinsamen Nenner hatten. Während der Aufstellung zeigten sich die Verletzungen der Ahninnen in den Generationen sehr deutlich. Immer ging es dabei um die verletzte Frau, die sich dem Männlichen gegenüber verschlossen hatte – aus Angst vor erneuter Demütigung und Verletzung. Doch es braucht die Würdigung und Anerkennung des Männlichen in uns selbst, in unseren Partnerschaften, in unseren Söhnen, in unseren Ahnenreihen, damit Heilung geschieht und die Liebe zwischen dem Männlichen und dem Weiblichen wieder fließen kann. Erst dann ist der Weg frei für die bedingungslose Liebe. Ariane hat erkannt, dass es in einer Partnerschaft darum geht, die Schwächen des anderen liebevoll anzunehmen, ohne sich zu verschließen. Stattdessen gilt es, die Verantwortung für die Angst, erneut verletzt zu werden, zu übernehmen. Erst dann kann diese Angst angenommen und dem Herzen übergeben werden, sodass sie sich in Liebe wandeln kann. Statt Selbstverleugnung ist die bedingungslose Selbstannahme der Schlüssel für weiteres Wachstum hinein in die geistig-seelischen Ebenen der kosmischen Liebe.

Beispiel 6: Anonym

Nachfolgend gebe ich einen authentischen Bericht einer Teilnehmerin, die unerkannt bleiben möchte, bei meinem Workshop »Ahnenfrieden« wieder. An dieser Stelle bedanke ich mich nochmals ganz herzlich für diese sehr ausführlichen Zeilen:

»Ahnenfrieden - Frieden für und mit den Ahnen. Ehrlich gesagt habe mich kaum mit meinen Ahnen befasst. Mal das eine oder andere über sie gehört, es aber nicht mit mir in Verbindung gebracht. Mir war nur manchmal bewusst, dass sie in wenig friedlichen Zeiten gelebt haben müssen, dass sie Frieden brauchten. Als ich von dem Workshop ›Ahnenfrieden‹ hörte, dachte ich nebulös an vergangene Kriege und hatte die Vorstellung, dass es den Seelen der Ahnen helfen könnte, ihren Frieden zu finden. Dass es auch für mich wichtig wäre, mich mit den Ahnen auszusöhnen - daran dachte ich nicht.

Ich hatte also nicht vor, an diesem Workshop teilzunehmen. Doch dann wurde ich so klar, so eindeutig durch die Lektüre eines Buches an diese Veranstaltung erinnert, dass ich sie schließlich buchte. Noch auf dem Weg, bei der ersten Begegnung mit Bianka Maria Seidl und den Teilnehmern, fielen mir ›gute Gründe‹ ein, um mich wieder davonzumachen. Ich merkte, ich hatte Angst. Intuitiv fühlte ich, dass es vieles zu klären, auszusöhnen gab zwischen den vergangenen Generationen meiner Vorfahren und mir. Ich entspannte mich erst, als die Workshop-Leiterin per Los entscheiden ließ, welche zwei Teilnehmer anfangen sollten, während die anderen zuschauen und eventuell das Prozedere notieren sollten. Ich durfte erst mal zuschauen, mitschreiben, mich beruhigen und Mut sammeln.

In dem hellen Raum mit großen Fenstern und Blick auf sattes, sanftes Grün waren drei ›Wege‹ aus bunten Papierblättern auf dem Boden angeordnet. Jeweils sieben Blätter in den Farben der sieben Chakras symbolisierten die sieben Generationen, mit denen wir uns verbinden, uns versöhnen wollten.

Nach einem Einführungs- und einem Einstimmungsritual bat Bianka die beiden ersten Teilnehmer, sich neben das erste Blatt zu stellen: die Farbe Rot – das Wurzelchakra, die Verbindung mit Mutter Erde. Das Urvertrauen. Bianka, die Leiterin, sagte: »Macht euch bewusst, dass ihr jetzt energetisch mit der ersten Generation, mit der Generation eurer Eltern, in Kontakt treten werdet.« Sie bat die Teilnehmer, die Augen zu schließen, begann leise, ihre weiße Schamanentrommel zu schlagen – in die Stille hinein. Biankas Trommel bewegte sich leicht im Rhythmus, ließ die feinen weichen Fellhaare an ihrem Rand vibrieren, wurde schneller, lauter, und die Trommelklänge gingen über in Biankas bestimmte Worte: »Und ihr geht – jetzt!« In diesem Moment stellten sich die Teilnehmer mit beiden Beinen auf das rote Blatt Papier, verharrten mit geschlossenen Augen.

Es war faszinierend zu sehen, wie sie ihre Haltung und Mimik veränderten, wie unterschiedlich sie standen, schauten, sich in eine nur ihnen bekannte Situation ›hineinbegaben‹. Bianka ließ ihnen einige Minuten Zeit. Dann stellte sie sich neben einen der Teilnehmer, sprach ihn mit Namen an und fragte: »Wie fühlst du dich?« Als ich – nun schon viel ruhiger – an der Reihe war und auf dem ersten, dem roten Blatt stand, fühlte ich mich unwohl. So, als ob es nicht mein Platz wäre, nicht meine Energie. Ich konnte keine rechte Position finden, bewegte mich hin und her. Ich erzählte es Bianka, erzählte von dem düsteren Himmel, der tief über den Köpfen meiner Eltern hing, und wie sie leicht geduckt und immer in Habachtstellung vorsichtig in der Stadt ihrer Jugend umhergingen. Es war kurz nach dem Zweiten Weltkrieg, und ich verstand die ängstliche Vorsicht, die Bewegungslosigkeit, zu der sie sich selbst und später auch mich ›verurteilt‹ hatten.

Bianka fragte mich schließlich, was meine Eltern gebraucht hätten, und ich wusste es sofort. ›Freude‹. Sie brauchten Freude. Und ich stellte mich als Kanal für Freude zur Verfügung, erbat sie von den höheren Ebenen meines Seins und ließ Freude durch mich fließen. ›Und was ist ihre Ahnengabe an dich?‹ Ich zögerte und sagte dann sehr leise: ›Liebe. Es ist einfach Liebe ...‹

Nach jeder Generation machten wir eine kurze Pause, schüttelten und streckten uns. Dann betraten wir nach Biankas Trommelwirbel den farbigen Bodenanker für die nächste Generation. Manchmal fühlte ich mich entspannt und gut. Spürte die Lebensfreude, die Liebe der Ahnen. Manchmal war die Stimmung bedrückt, sogar bedrohlich, und ich drehte mich im Kreis, suchte nach einem Ausweg oder ging in die Knie vor Anspannung. Nicht immer konnte ich die Situation deuten. Bianka fragte dann nach, half teilweise mit Worten, mit Bestärkung und Rat, teilweise mit der Trommel. Letztendlich wurde immer ersichtlich, was es gerade in dieser Generation aufzulösen galt, worunter die Ahnen gelitten und was sie mir ungewollt als Erbe, als Last mitgegeben hatten. Und Bianka fragte: ›Bist du bereit, das, was nicht zu dir gehört, den Ahnen zurückzugeben?‹ Meistens sagte ich Ja. Doch es gab Generationen, die mich bremsen, mich zurückhalten wollten. Dann half Bianka nach, wandte sich auch mal an geistige Helfer, die sie rufen durfte, wenn eine Verbindung mit den Ahnen allzu schwierig wurde.

Die Begegnung mit der sechsten Generation war für mich besonders schwierig, ja geradezu schmerzhaft. Ich sah Frauen, die still duldeten und litten. Und Männer scheinbar ohne Mitgefühl und Liebe. Bianka fragte, was sie brauchen würden. Ich antwortete: ›Verständnis und Verständigung und Mitgefühl füreinander.‹

Doch es gab auch eine Generation, bei der ich mich besonders wohlfühlte. Ich sah ihre Lebensfreude, sah Wälder und Wiesen, ein Landschloss in herrlicher Umgebung. Die Menschen tanzten, feierten und liebten sich. Sie sangen, spielten und lachten – auch über sich selbst und das Leben. ›Ich schwebe davon und überlass mich dem Augenblick‹, sagte ich zu Bianka. Und als sie mich fragte, was diese Generation von mir brauchen könnte, sah ich in die dunklen Augen eines jungen Mannes. Er sagte leichthin und voller Selbstvertrauen: ›Wir brauchen nichts, aber wir nehmen gerne!‹ Da gab ich ihnen Dankbarkeit – für die Lebensfreude, die ich immer wieder in mir finden und spüren kann: Die Ahnengabe der fünften Generation, der Ururgroßeltern, symbolisiert durch die Farbe Türkis, die dem Hals-Chakra entspricht.

Auf dem letzten Blatt, violett, in der Farbe des Kronenchakras, kam etwas zum Vorschein, was ich lange nicht wahrhaben wollte. Und ich bin immer noch erstaunt, dass Bianka mir helfen konnte, dieser Wahrheit ins Gesicht zu sehen. Dass sie sich nicht täuschen ließ, so, wie ich selbst es tat. Ich sah eine Frau, kunstvoll zurechtgemacht, mit hoch erhobenem Kopf in einer artifiziellen Grünanlage. Alles schien perfekt – in perfektem Rahmen. Doch Bianka fragte: ›Was hat das mit deinem Leben zu tun? Welchen Preis bezahlst du für diese Maskerade, diese Attrappe auf einer fernen Insel?‹ Ich wehrte mich zuerst, sprach von den Ahnengaben Charme, Anziehungskraft, weibliche Koketterie. Doch Bianka bohrte weiter, zwang mich hinzusehen, fragte, ob ich bereit wäre, das Inseldasein zu verlassen, um endlich leben zu können. Und was ich wirklich von diesen Ahnen bräuchte. Ich sagte lange nichts, dann, im letzten Moment, so schien mir: ›Die Fähigkeit zu lieben.‹ Ich habe sieben Generationen zurückgehen müssen, um diese wichtigste aller Gaben zu empfangen. Um überhaupt zu merken, dass ich sie brauche, um geben, empfangen, um lieben zu können.«

Beispiel 7: Ingeborg – wie die Klärung der Herkunft die Freude am Sein hervorbrachte

Ingeborg hatte während ihres ganzen Lebens immer wieder mit einer innerlich gefühlten Todesangst zu tun, die sie sich nicht erklären konnte. Sie hatte meinen Online-Vortrag »Kläre deine Wurzeln und du bist frei!« besucht und dabei deutlich gespürt, dass sie ihre Herkunft klären sollte. Bei der Aufstellung zeigte sich, dass in der sechsten Generation ein Ahn einen unnatürlichen Tod durch Ertrinken gefunden hatte. In der siebten Generation hatte es einen weiteren Ahn gegeben, der sich erhängt hatte. Das Erbe war in beiden Fällen die Erfahrung der Todesangst. Anfangs konnte sie nicht erkennen, warum sie dazu in Resonanz ging. Sie konnte jedoch sehr genau die Auswirkungen dieser Todesangst-Erfahrung für sich erkennen. Sie trug um sich einen Mantel der Unsichtbarkeit. So formulierte sie es mir gegenüber wortwörtlich. Dieser Mantel verhinderte, dass sie gesehen wurde und sich selbst wahrnehmen konnte.

Im Nachhinein erkannte sie, dass sie immer alles versucht hatte, um gesehen zu werden. So hat sie sich beruflich völlig ausgepowert und war trotzdem nie beachtet worden. Bisweilen hatte sie von sich gedacht, dass es sogar eine »Superfähigkeit« von ihr sei. Sie musste nie jemanden fragen, und ihre Unsichtbarkeit verschaffte ihr auf gewisse Weise auch einen Nutzen. Doch je älter sie wurde, desto mehr wurde ihr bewusst, dass ihr Leben freudlos und ihr Alltag grau war. Etwas fehlte. Doch sie kam irgendwie nicht ran an das eigentliche Problem. Erst durch die Ahnenaufstellung und die Auflösung der Todesangst fiel der Mantel der Unsichtbarkeit von ihr ab.

Durch die anschließende Innere-Kind-Arbeit deckte sie auf, dass sie als Seele gar nicht da sein wollte. Jetzt wurde ihr auch die Resonanz zu den beiden unnatürlichen Toden in ihrer Ahnenreihe bewusst. Man hatte sie als Baby nach der Geburt in einem Karton im Treppenhaus abgelegt und vergessen. Sie erlebte diese Szene innerlich noch einmal, und ihr wurde klar, dass sie dabei auch nicht geschrien hatte. Ein Teil ihrer Seele wollte nicht da sein. Durch das Aufdecken und Integrieren dieses Anteils konnte das Kind in Ingeborg überhaupt erst mal für sie, die Erwachsene, fühlbar werden. Vorher war dieser Teil wie in einem Kokon abgekapselt und nicht zugänglich gewesen. Daher fehlten in ihrem Leben die Qualitäten von Lebensfreude, Spontaneität und Lebendigkeit, und es bestand lediglich aus Pflichten und dem Funktionierenmüssen, gepaart mit einem Gefühl der Wertlosigkeit.

Bei meiner Nachfrage, was sich positiv seit der Rückführung entwickelt habe, schrieb mir Ingeborg: »Meine Selbstliebe hat sich positiv entwickelt. Die Erfahrungen des Annehmens meines inneren Kindes im Bauchraum meiner Mutter, die mich nicht wollte, sowie auch das liebevolle Integrieren des vergessenen Babys haben bewirkt, dass sich das Kind in mir jetzt geborgen fühlt und da sein darf. Meine Erkenntnisse und Erfahrungen, wie Sprache und Worte auf den Körper wirken, und was das Hören der Worte ausmacht, sind riesig.«

Vor der Inneren-Kind-Arbeit hatte Ingeborg die Ahnenaufstellung gemacht und die Loyalität zum Suizid ihres Ahns beendet. Auf diese Weise konnte sie später bei sich selbst den eigenen Anteil ihrer Seele an diesem Thema deutlicher erkennen. Indem sie diesen Anteil ganz ins Dasein brachte, ihr inneres Kind zu sich ins Herz holte und fortan die Verantwortung dafür übernahm, lernte sie, seine Bedürfnisse wahrzunehmen und für es zu sorgen. Kurze Zeit später zeigte sich ihr inneres Kind von Tag zu Tag mehr mit all seinem Gefühlsreichtum an Spontaneität, Neugierde und der Freude am Sein. All das floss fortan in ihre aufkeimende Kreativität ein, der sie sich heute erfreut.

Du hast durch die Schilderung in diesem Fallbeispiel vielleicht erkannt, wie die Resonanz zum Leid der Ahnen entsteht. Sie ist bedingt durch die Ähnlichkeit der Entwicklungsthemen der Seelen, verbunden mit einer entsprechenden Lernaufgabe an den einzelnen Menschen. Im Fall von Ingeborg wollte ein Teil ihrer Seele nicht da sein. Die Verweigerung der Existenz hat Ähnlichkeit mit ihren Ahnen aus der sechsten und siebten Generation. Auch sie wollten nicht mehr da sein und haben daher ihrem Leben ein Ende bereitet. Die Existenzverweigerung ist das verbindende Thema. Die von Zeit zu Zeit deutlich gespürte Todesangst hat wahrscheinlich verhindert, dass Ingeborg den gleichen Weg des Suizids gegangen ist.

Fragen wir uns jetzt: Was geschieht, wenn ein Mitglied der Sippe das Thema für sich auflöst? Wirkt sich das auch auf die Ahnenreihe aus? Ja, so ist es. Wenn das Thema erkannt und die Lernaufgabe erfüllt ist, wirkt es sich positiv auf das Feld der Ahnenreihe aus. Vor allem die Nachkommen werden nicht mehr in dieser Stärke mit dem Thema der Existenzverweigerung in Berührung kommen. Auch ich war davon betroffen, vor allem in jungen Jahren. Ich spürte diese Existenzverweigerung meines Vaters durch seinen Freitod in mir. Ich erinnere mich, dass ich als achtjähriges Mädchen allein in der Wohnung meiner Mutter war. Die Wohnung lag im vierten Stock. Ich saß bei geöffnetem Fenster auf der Fensterbank und spielte mit dem Gedanken, mich in die Tiefe zu stürzen und meinem jungen Leben ein Ende zu machen. Damals tat ich es nicht. Später, als ich achtzehn Jahre alt war, gab es ein Ereignis, über das ich hier nicht schreiben möchte, das mich derart aus der Bahn warf, dass ich keinen anderen Ausweg wusste, als mein Leben zu beenden. Glücklicherweise wurde ich rechtzeitig gefunden, und die Ärzte konnten mich wiederherstellen. Damals war ich dem Tod sehr nah, und beinahe hätte das Thema der Existenzverweigerung, das in meiner Herkunft lag, erneut eine Stärkung erfahren, und dann wären weitere Nachkommen, in dem Fall meine Söhne, davon betroffen gewesen. So ist es dann nicht gekommen. Stattdessen habe ich mich dazu entschieden, meine Herkunft zu klären, den inneren Keller aufzuräumen und eine neue, eine lebensförderliche Ordnung herzustellen.

Früher brauchte es mehrere Generationen, bis solche Themen gelöst wurden. Heute geht es schneller. Es reicht aus, wenn ein Mitglied einer Generation das Thema angeht und löst. Damit löst sich die Last und Bürde für die ganze Ahnenreihe und somit auch für die Nachkommen. Fragen wir uns, warum das so ist, lautet die Antwort: Weil wir jetzt in einer karmafreien Zeit leben und uns in ein goldenes Zeitalter hineinbewegen. Gemäß den alten vedischen Schriften ist das dunkle Zeitalter, das Kali-Yuga, beendet. Wir entwickeln unser Bewusstsein hinein in ein lichtes Zeitalter, hinein in einen Weltenfrühling. Ihm folgt später ein Weltensommer. Dies sind große Zeiträume von einigen Tausend Jahren, die viele kleinere Zeiträume beinhalten. Diese großen Zeitabschnitte spiegeln sich im Kosmos als eine große Bewegung, bei der sich unsere Galaxie wieder auf die Zentralsonne zubewegt. Somit bricht ein großer neuer, kosmischer Tag an, und es wird heller und heller in unserem Bewusstsein. Wir erwachen. Wir wachen auf aus dem kollektiven Schlaf und erinnern uns langsam daran, wer wir wirklich sind.

Beispiel 8: Antonia – wie durch die Klärung der Ahnenreihe gleich mehrere Lebensbereiche in Ordnung kamen

Antonia war im Winter 2020 in Salzburg bei meinem Vortrag zum Thema Ahnen. Gleich zu Beginn hatte sie ein tiefes inneres Gefühl, dass die Zeit reif ist, sich ihren Ahnen zuzuwenden und ihre Beziehung zu ihnen zu klären, zu stärken und neu zu ordnen. Kurze Zeit später kam sie zu mir in die Praxis zur Ahnenaufstellung, die sehr tief ging, da eine alte Seele in Antonia wirkte. Drei Wochen später hatten wir ein Nachgespräch, zu dem ich ihr im Vorfeld einige Fragen per Mail zuschickte. Beim Gespräch berichtete sie, dass ihr durch meine Frage hinsichtlich ihrer Befindlichkeit vor der Ahnenarbeit erst so richtig bewusst geworden sei, dass sie sich in einer schwebenden, ungeklärten Beziehung befinde, wodurch sie sich gedrängt und gestresst fühle. Außerdem sei ihre berufliche Situation unklar gewesen. Sie hätte sich im Kreis gedreht und den Ausgang nicht finden können. Des Weiteren hätte sie erkannt, dass ihr Leben nur aus Arbeit bestehe und dass sie sich wenig Zeit nehme, ihr Leben zu genießen, wodurch sie wiederum zu wenig Lebensfreude in ihrem Alltag verspüre. Ich sagte ihr, dass ich es liebe, Fragen zu stellen, denn Fragen könnten Frequenzschlüssel sein, die uns helfen würden, zu völlig neuen Erkenntnissen zu gelangen, wodurch sich auch unser Energielevel verändern könne.

Sie bestätigte dies und berichtete, dass sie schon während der Aufstellung und auch danach viel mehr Energie gespürt habe. Sie sagte: »Ich schlafe ruhiger und tiefer, bin morgens viel schneller wach und fühle mich gut erholt. Ich freue mich auf die Aufgaben, die der Tag so bringt, und kann auch mal was liegen lassen. Es macht mir keinen Druck mehr, und ich mache mir keinen Druck mehr. Ich erlebe jetzt viel mehr Leichtigkeit und Lebensfreude.

Diese Ahnenarbeit ist ein Motivationsmotor für mich geworden. Ich spüre immer wieder in Wellen, dass es weiterhin wirkt. Auch die Beziehung zu meinem Freund klärt sich mehr und mehr, und ich spreche rechtzeitig aus, was mir wichtig ist. Ich äußere jetzt meine Bedürfnisse sehr klar und fühle mich ihm gegenüber freier. Ich erlaube es mir jetzt auch, meinen eigenen Weg zu gehen. Es entsteht aus einem inneren Gefühl heraus. Nach der Aufstellung habe ich mir einige schöne Gelegenheiten geschaffen, das Leben zu genießen, vor allem im Zusammensein mit meinen Freunden.

Ich empfinde eine innere Befreiung. Dadurch ist eine erhöhte Durchlässigkeit entstanden. Ich finde sehr schnell Antworten auf innere Fragen. Und mir ist aufgefallen, dass ich mich mehr so sehe, wie ich bin, und dass ich auch so sein darf, wie ich bin. Das Bei-mir-Bleiben fällt mir leichter. Meine Selbstwahrnehmung hat sich verändert in der Hinsicht, dass ich mich geerdeter fühle und auch mehr in meinem Körper bin. Ich fühle diesen Frieden in mir, der mich stark macht und mich verbindet mit der Schöpfung. Ich spüre diese Kraft und dafür bin ich sehr, sehr dankbar.«

Eine andere Klientin schrieb mir einige Wochen nach der Aufstellung:

»Seit der Aufstellung kann ich sagen, dass ich mich mit der Kraft und Lebensfreude meiner nicht gekannten Großmutter immer wieder verbinden kann und hieraus enorme Kraft und ein inneres Lächeln spüre. Das tut so gut! Mit meinen Eltern fühle ich mich von Tag zu Tag noch mehr im Frieden und spüre die Liebe, die endlich frei geworden ist und hier fließen kann. All das, was in diesem Kontakt zu meinen Eltern immer so schwer für mich war, hat sich einfach aufgelöst, wie wenn es niemals existiert hätte. Ein Geschenk, dass meine Eltern noch am Leben sind und ich dieses noch mit ihnen zusammen erleben kann.«

Das neue Privileg – Befreiung von den vererbten Lasten der Vorfahren

»Sind die Verstrickungen mit den Ahnen gelöst, erfahren wir ihre Stärken und Talente als innere Ressourcen.«

Bianka Maria Seidl

Du hast heute ein Privileg, das deine Vorfahren nicht hatten. Nachdem wir so viele Jahre auf den Weg unserer Vorfahren beschränkt waren, haben wir endlich eine Wahl, es anders zu machen. Auch du hast die Möglichkeit, dich von den ererbten Lasten deiner Vorfahren zu befreien und damit nicht nur dein Leben zu erleichtern, sondern auch das deiner Kinder und Kindeskinder.

Die Arbeit an unseren Wurzeln ist eine spirituelle Arbeit, für die es keine Vorkenntnisse braucht. Sie ist auch für Menschen geeignet, die bereits eine oder mehrere Familienaufstellungen durchgeführt haben und spüren, dass das System ihrer Ahnenreihe noch nicht in Ordnung ist. Sabine, diplomierte Psychologin in der Suchthilfe und systemische Familientherapeutin, die schon mehrere Familienaufstellungen absolviert hat, schreibt nach der Ahnenaufstellung wie folgt: »Anfangs hatte ich ein bisschen Bedenken vor ›dunklen Themen‹, die mit meiner Familiengeschichte verbunden sind. Aber mein Interesse und meine Neugier waren größer. Die Verbindung zu den einzelnen Generationen war leicht aufzunehmen, und ich erhielt eine starke energetische Dusche für meine Weiblichkeit. Am Ende war ich erfüllt, überrascht und berührt. Ich fuhr tief gestärkt und mit neuer Klarheit nach Hause. Danke für die tiefe Erfahrung, ich kann es sehr empfehlen.«

Die Ahnenarbeit wirkt heilend für uns selbst, für die Ahnen und auch für unsere Nachkommen. Sie stärkt uns von innen heraus. Auf diese Weise erfahren wir auf natürliche Weise einen Schutz vor Manipulation und negativer Beeinflussung. Die Verbindung zur Schöpfung und zu allem Lebendigen wird gestärkt. Wir werden durchlässiger für die Weisungen unserer Seele, für unsere innere Autorität - und werden so selbstbestimmter. Diese Arbeit wirkt klärend und befreiend, sodass das Ursprüngliche, wie die Freude am Sein oder auch ein tiefer innerer Frieden, erfahren wird.

Gerade jetzt, in dieser Zeit der großen Umbrüche und der enormen Verunsicherung, ist es von großem, von unschätzbarem Wert, auf die Stärken unserer Vorfahren als innere Ressourcen zurückgreifen zu können und auf diese Weise Rückhalt und Stärkung zu erfahren.

Wichtige Fragen und Antworten zur Ahnenaufstellung

Nachfolgend wieder einige Fragen und Antworten, die helfen sollen, das Thema noch greifbarer zu machen.

Wie bekomme ich konkret einen praktischen Zugang zu den Ahnen, damit das Vertrauen in diese Verbindung weiter gestärkt wird?

Wenn wir möchten, dass uns Vertrauen entgegengebracht wird, dann gilt es erst einmal, selbst Vertrauen zu schenken. Das ist ein geistiges Gesetz. Daher braucht es von dir einen Vertrauensvorschuss, um zum Beispiel die im Buch aufgezeigten Übungen zu machen.

Was geben uns unsere Ahnen überhaupt mit, und wie funktioniert das?

Die Ahnen geben uns ihre Erfahrungen mit und das, was sie daraus gelernt und in Stärken gewandelt haben. Deine Seele jedoch übernimmt nur dasjenige Erbe, mit dem sie in Resonanz geht. Das habe ich weiter vorn ausführlicher beschrieben. Auf der biologischen Ebene übertragen sich diese Informationen auf die Gene. Jedoch verändern sie die Gene nicht, sondern sitzen auf ihnen. Das Wort »epi« bedeutet »oben darauf« – von daher der Name »Epigenetik«. Auf der energetischen und der geistig-seelischen Ebene sind die Erfahrungen und Stärken unserer Ahnen im morphogenetischen Feld der Sippe gespeichert, mit dem du über deinen feinstofflichen, deinen spirituellen, deinen emotionalen und deinen mentalen Körper verbunden bist.

Wie kann man die Bürde in Positives verändern?

Das ist eine spannende Frage, die für mich eine starke Motivation war, mich so tief mit der Ahnenarbeit auseinanderzusetzen. Die ererbten schmerzhaften Erfahrungen unserer Vorfahren erleben wir in unserem Leben als Last. Um diese Bürde zu wandeln, bedarf es aus dem tiefsten Inneren heraus den Wunsch nach Befreiung und Erleichterung. Es braucht ein starkes Motiv, um diese Arbeit mit den Ahnen anzugehen. Sollten im Vorfeld viele Bedenken und sogar Ängste vorhanden sein, müssen Aufklärung und Information erfolgen – das Ziel meines Buches. Bei der Ahnenaufstellung findet die Umwandlung der Lasten statt, indem sie zuerst körperlich erspürt und ihre Auswirkungen auf das eigene Leben erkannt werden. Dann bedarf es einer klaren Entscheidung, sich von dieser ererbten Last aus der jeweiligen Generation zu befreien und sich von der Loyalität zum Leid der Vorfahren zu verabschieden. Das sind die wichtigsten Schritte, um dann die Bürde zu transformieren. Dies geschieht auf der geistig-seelischen Ebene, wie bei den geschilderten Schritten der Ahnenaufstellung auf den Seiten 130 ff. und auch im Audio-Ratgeber (→ Seite 196) angeleitet. Mit meiner Arbeit gebe ich Hilfe zur Selbsthilfe. Auf diese Weise erfahren die Menschen, dass sie mittels ihrer schöpferischen Fähigkeiten in der Lage sind, sich von Lasten zu befreien, was wiederum ihr Selbstvertrauen stärkt. Sobald die Last aufgelöst ist, wird das auf der körperlichen Ebene sofort spürbar. Wer die Aufstellung macht, fühlt sich in der Verbindung frei, erleichtert und spürt, sie/er selbst sein zu dürfen.

Welch unterschiedliche Rollen spielen die männliche und die weibliche Ahnenreihe?

Wir nehmen die Energie unserer Ahnen über unsere Fuß-Chakren auf. Das sind die Energiezentren an den Füßen; diese befinden sich an der Stelle, wo sich der Fuß wölbt. Unser Körper hat zwei Pole, einen Plus- und einen Minuspol. Der Minuspol entspricht der weiblichen Energie, der Yin-Energie - diese kommt über die linke, die weibliche Körperseite. Die männliche, die Yang-Energie, kommt über das Energiezentrum am rechten Fuß und wirkt vor allem auf die rechte Körperseite. Daher wird bei einer Aufstellung sehr leicht deutlich, ob die Belastung von einer Ahnin oder von einem Ahnen herrührt.

Wie erkenne ich Ahnen? Wie komme ich ihnen auf die Spur? Wie erkenne ich, dass das, was mich umtreibt, belastet oder behindert, von den Ahnen kommt?

Das ist eine sehr gute Frage, die mir oft gestellt wird, weil sie viele Menschen interessiert. Wir kommen unseren Ahnen und den ererbten Lasten auf die Spur, indem wir in uns bestimmte Ansichten, Einstellungen, Handlungsweisen und auch Gefühle wie

Schuld, Scham und Angst wahrnehmen, die wir nicht zuordnen können, weil es dafür in unserer Biografie keine Ereignisse gab, auf die sie zurückzuführen wären.

Wie kann ich mich mit den Ahnen verbinden?

Du bist bereits mit ihnen verbunden, jedoch unbewusst. Vermutlich meinst du aber, wie wir mit ihnen kommunizieren können? Dies geschieht mittels deiner Absicht. Sie ist eines deiner mächtigsten Schöpferwerkzeuge. Indem du deinen Geist bewusst auf die Verbindung mit deinen Ahnen richtest, innerlich ganz still wirst und lauschst, wirst du sie körperlich empfinden und vielleicht sogar fühlen.

Je nachdem, wie vertraut dir diese Form der Innenschau bereits ist, wird es gegebenenfalls etwas dauern, und es gilt, geduldig in einer offenen, empfänglichen Haltung zu verweilen und es gegebenenfalls auch mehrmals zu versuchen.

Wie erkenne ich, dass meine Ahnen mir Gutes wollen?

Das ist sehr leicht spürbar, wenn du in der Verbindung stehst. Aus meiner langjährigen Erfahrung heraus kann ich sagen, dass es lediglich zwei Arten von Ahnen gibt, die friedvollen und die friedlosen. Wenn du in der Verbindung mit den friedvollen Ahnen stehst, so spürst du das sofort. In dieser Verbindung fühlst du dich wohl, vielleicht wohler, als du das bisher in deinem Leben erfahren hast. Das habe ich des Öfteren bei meinen Klienten erlebt.

Hingegen spürst du bei den friedlosen Ahnen sofort ein mehr oder weniger starkes Unwohlsein bis hin zu unangenehmen Körperempfindungen. Doch ich möchte richtigstellen, dass es selten vorkommt, dass die Ahnen einem Nachfahren absichtlich etwas Böses anhaben wollen. Es ist vielmehr ihr Unfriede, der bewirkt, dass die Nachkommen sich unwohl fühlen, wenn sie an die Ahnen denken und daher auch ein Stück weit Bedenken haben, sich auf die Ahnenarbeit einzulassen. Doch das ist nur der Unwissenheit geschuldet, die ich mit meinem Buch hoffentlich zu beseitigen vermag.

Was erzählen meine Ahnen für Geschichten?

Bei der Ahnenarbeit, wie ich sie mit meinen Klienten und Klientinnen durchführe, erzählen die Ahnen in der Regel keine Geschichten, denn dabei wäre der Verstand ja aktiv. Um die ererbten Lasten zu erspüren, braucht es eine tiefere Wahrnehmung auf der geistig-seelischen Ebene. Dazu ist letztendlich nur die Intuition fähig, der Verstand aber nicht.

Es geht somit nicht um das Erfahren von Geschichten, sondern darum, das aufzuspüren, was ich von meinen Ahnen als Last übernommen habe. Ziel ist, sich von der Last zu befreien, um letztendlich durch ein freieres Sein die Stärken und Talente der Ahnen besser nutzen zu können.

Welche Weisheiten meiner Vorfahren bringen mich heute weiter?

Unsere Vorfahren der letzten 200 Jahre hatten teilweise sehr schwierige Zeiten durchzustehen. Wir wissen, dass wir vor allem durch Schwierigkeiten lernen und wachsen. Unsere Ahnen haben große Stärken entwickelt in diesen Zeiten der Entbehrungen, des Mangels und der Schmerzen. Es klingt zunächst paradox, dass sie, die uns ihre Schmerzen und ihren Mangel vererbt haben, zugleich ihre daraus entwickelten Stärken übertragen können. Dennoch ist es so. Das gilt es, ins Bewusstsein zu bringen, damit aus der Bürde Rückhalt und sogar Bestimmung wird. Wie das mit der Bestimmung zusammenhängt, darauf gehe ich im Kapitel 5 (→ Seite 178) näher ein.

Was ist der Unterschied zwischen dem Erbe unserer Ahnen und unserer Formung durch Umstände in der Lebenszeit, also durch Familie, Beruf, Gesellschaft und Existenz?

Beide Einflüsse sind nicht gänzlich voneinander zu trennen. Denn deine Seele sucht sich die Eltern und damit verbunden auch die Sippe aus, in die sie sich hineininkarniert. So geht deine Seele innerhalb der Ahnenreihe nur zu ganz bestimmten Ahnen und Ahninnen in Resonanz. Genauer gesagt, geht deine Seele zu ihren Entwicklungsthemen in Resonanz, weil es auch ihr Entwicklungsthema ist. Hier ein Beispiel: Wenn eine Ahnin aus der fünften Generation zum Beispiel von Männern gedemütigt und verletzt wurde und auf Rache schwor, und deine Seele bringt eine ähnliche Erfahrung mit, dann geht sie in Resonanz dazu. Das Entwicklungsthema lautet: Lerne zu vergeben! Die Erfahrung dieser Ahnin trägst du in deinem genetischen Gepäck mit dir.

So kann es sein, dass auch deine Mutter dieses Erbe in sich trägt, sich deswegen ihrem Ehemann nicht wirklich öffnen und hingeben kann – was wiederum zu größeren Problemen führt. Diese Probleme zwischen deinen Eltern, deiner Mutter und deinem Vater, wirst du im Kindesalter als Unsicherheit erfahren. Schließlich bist du von ihnen völlig abhängig. Außerdem wirst du das Verhalten deiner Mutter imitieren, denn so lernen wir in jungen Jahren. Schließlich sollst du als Mädchen eine Frau werden, und deine Mutter ist dein Vorbild. Dein Verstand und damit deine kognitiven Unterscheidungsfähigkeiten sind zu diesem Zeitpunkt noch nicht ausgebildet; daher kannst du nicht unterscheiden zwischen dem, was richtig und was falsch ist. Du hast keinen Vergleich.

Später, als junge Erwachsene, verhältst du dich, ohne dass dir das bewusst ist, ähnlich wie deine Mutter und machst dabei die Erfahrung, dass dich die Männer betrügen, was dich natürlich unglaublich verletzt. Auf diese Weise kommt dann das, was entwickelt werden soll, ans Licht. Du erfährst wie deine Ahnin Generationen vor dir eine Verletzung durch die Männer. Du verschließt dich vielleicht, grollst, wendest dich von den Männern ab, oder du versuchst, es ihnen heimzuzahlen. Auf diese Weise entsteht viel Leid und noch mehr Schmerz.

Um auf deine Frage zurückzukommen: Wie wir durch das Erbe unserer Ahnen sowie durch Familie, Schule und Gesellschaft geformt werden, hängt immer von unserer Seele und ihren Entwicklungszielen in dieser Inkarnation ab. In dem aufgeführten Beispiel will sich deine Seele weiterentwickeln. Das Lernziel ist Vergebung. Früher brauchte es, um das zu lernen, mehrere Leben. In der heutigen Zeit geht das deutlich schneller. Aufgrund des Bewusstseinswandels sind wir bewusster und verdauen die Dinge emotional schneller. So kann deine Persönlichkeit schneller verstehen, dass sie sich damit selbst schadet und belastet und ihre Weiterentwicklung blockiert. Du beginnst, nach einem Weg zu suchen, um aus dieser Misere herauszukommen und eine erfüllte Partnerschaft zu leben. Dies führt dich etwa zu verschiedenen Methoden, die du ausprobierst. Du probierst Chakren-Arbeit, vielleicht Bachblüten-Therapie, eine Quantenmethode oder eine andere Praktik. All das führt dich zwar langsam, dennoch immer näher und näher zum Kern und damit zu deinem Herzen, wo Vergebung möglich ist.

Wenn es dir gelingt, hast du das Lernthema gelöst und du wirst dich wieder für eine Partnerschaft mit einem Mann öffnen. Dennoch trägst du noch die genetische Last deiner Ahnin mit dir herum – und das erschwert den Neustart. So kann es sein, dass du leicht in alte Verhaltensmuster zurückfällst, weil das genetische Muster noch wirksam ist.

Wie weit können »Bürden« in der Zeitachse zurückliegen?
In der schamanischen Tradition sieben Generationen. Das umfasst eine Zeitspanne von ungefähr 200 Jahren.

Wie findet der Einfluss der Ahnen auf uns statt, und wie wird er erfahren und gedeutet?
Durch die Resonanz mit dem Entwicklungsthema der Seele - wie bereits weiter oben beschrieben.

Wie kann ich Gewissheit erlangen? Wie kann ich feststellen, ob die Information ungefiltert bei mir ankommt und nicht vom Ego/Verstand oder vielleicht sogar mit Manipulation verbunden ist?
Der Körper lügt nicht - die Verbindung ist energetisch-informativer Art und wird von ihm erspürt.

Wie kommt es zu dieser Kraft oder auch Macht, die Ahnen ausüben?
Zum einen sitzen die Erfahrungen unserer Vorfahren auf unseren Genen und sind dort gespeichert, was die Epigenetik bereits beweist. Von Rupert Sheldrake, dem englischen Biologen, erfahren wir, dass jede Spezies bis hin zu Gruppen über ein morphogenetisches Feld, das aus Energie und Information besteht, verbunden ist. Über solch ein Feld sind wir mit unseren Ahnen in Verbindung.

Warum kommunizieren und sprechen meine Ahnen nicht einfach mit mir, sodass ich sie verstehe? Warum braucht es quasi ein Sprachrohr, einen Übersetzer?
Wie ich eingangs (Kapitel 1 → Seite 18) beschrieben habe, wurde unser Geist aufgrund der Entwicklung in den letzten Jahrhunderten auf eine Funktion des Gehirns begrenzt. Es resultierte

eine vorwiegend materialistische Sicht auf die Welt und auch auf uns selbst. Mit den Ahnen zu kommunizieren bedarf einer Erweiterung unseres Bewusstseins und eines freien Geistes, der sich wieder über Raum und Zeit hinweg mit anderen Reichen, wie hier mit dem Reich der Ahnen, verbindet. Um den Geist in die Lage dazu zu versetzen, gilt es, eine klare Absicht diesbezüglich zu haben. Allerdings gelingt das in der Regel erst, wenn die Seele bereits einen gewissen Reifegrad erlangt und die Persönlichkeit sich dafür schon durchlässig gemacht hat.

Die Beschäftigung mit den Ahnen ist ab der Lebensmitte viel leichter möglich. Das liegt daran, dass wir in der ersten Lebenshälfte damit beschäftigt sind, unseren Platz in der Welt zu finden. Ab der Lebensmitte, wenn vieles bereits erreicht ist, dreht sich etwas in uns - sowohl bei den Frauen als auch bei den Männern. Plötzlich verliert vieles von dem, was einst so wichtig war, an Bedeutung - und wir spüren einen Sog, der uns vermehrt nach innen wenden lässt. Viele beginnen in dieser Zeit, sich mit ihrer Herkunft auseinanderzusetzen. Es geht in der zweiten Lebenshälfte darum, sein wahres Selbst zu entdecken. Dabei spielt unsere Herkunft eine wichtige Rolle. Erst wenn die Herkunft geklärt und die Vergangenheit befriedet ist, ist der Weg frei, um tiefer in den Urgrund des Seins einzutauchen und hier sein wahres Selbst zu erfahren.

Zusammenfassung

In diesem Kapitel hast du gesehen, dass es verschiedene Wege gibt, die eigenen Wurzeln zu erforschen und dass Menschen aufgrund des Reifegrads ihrer Seele zu den entsprechenden Wegen finden. Anhand der verschiedenen Fallbeispiele konntest du erkennen, dass die Ursachen von Problemen in bestimmten Lebensbereichen zumeist in der Vergangenheit, in der Herkunft, liegen. Du hast auch erfahren, dass wir nie einfach nur so in Verbindung mit jemandem stehen, sondern dass du oder, besser gesagt, deine Seele dazu in Resonanz geht, was wiederum mit der Ähnlichkeit eines bestimmten Entwicklungsthemas zu tun hat. Neben unserer genetischen Konditionierung findet deshalb ganz oft auch eine weitere Prägung in den ersten Kindheitsjahren oder sogar schon vorgeburtlich im Mutterleib statt. Dadurch wird das Thema verstärkt und wenn du so willst, die damit einhergehenden Probleme auch. Doch letztendlich ist das die Voraussetzung, damit die Themen ins Bewusstsein gelangen und die damit verbundenen Lernaufgaben auch gelöst werden können.

Wirklich frei davon sind wir dann, wenn wir die Ursachen auf den Ebenen lösen, wo die Muster auch geprägt wurden. Das heißt auf der Ebene der Ahnen und in unserer Herkunftsfamilie. Dadurch wird klar, dass die Ahnenaufstellung eine folgerichtige Erweiterung und Vertiefung der systemischen Familienaufstellung ist. Beide tragen dazu bei, das System Familie und das System der Ahnenreihe in Ordnung zu bringen. Für Menschen, die ihre Wurzeln geklärt haben, öffnen sich oftmals neue Türen im Berufsleben, auch geschehen Heilungen, wenn die Krankheit von einem Sippenmitglied übernommen war. Und bei einem Großteil harmonisierten sich die Familienverhältnisse. Letztendlich tritt ein Frieden ein, der einhergeht mit mehr Kraft, sowie Ruhe und Gelassenheit für den Alltag. Sowohl die systemische Familienaufstellung als auch die vertiefende Ahnenarbeit fördern unsere Weiterentwicklung. Sie helfen, Energie freizusetzen, die vorher gebunden war in den ererbten Lasten und den Verstrickungen mit einzelnen Familien- und auch Sippenmitgliedern.

Dann stellt sich die Frage: Wie und wo setze ich diese frei gewordene Energie ein? Sie in alte Gewohnheiten fließen zu lassen, wäre so, als würde ich neuen Wein in alte Schläuche füllen. Daher gilt es, in dieser Phase sehr wach und aufmerksam zu sein und sich vielmehr Fragen hinsichtlich der eigenen Berufung und Bestimmung zu stellen.

Wie bei einem Baum seine Wurzeln die Entfaltung seiner Krone bestimmen, so verhält es sich auch mit unserer Herkunft und unserer Berufung. Sie hängen zusammen und bedingen sich. Sobald wir an unseren Wurzeln arbeiten, sie klären und stärken und unser System neu ordnen, machen wir den Weg zu unserer Berufung frei. Man sollte sich zum Beispiel die Frage stellen: Womit diene ich dieser Welt? Diese Antwort steht in einem größeren Kontext. Es ist ein größeres Bild von unserem Leben, eine Lebensvision. Dabei handelt es sich nicht um ein großes Ziel, das mit irgendeinem anderen zu vergleichen wäre. Vielmehr ist eine Lebensvision etwas Schöpferisches, Spirituelles und beinhaltet immer auch das Entwicklungsziel unserer Seele. Dies ist unsere höchste Entfaltungsmöglichkeit. Die Gaben unserer Ahnen können uns hierbei unterstützen. Sie kommen aus der Vergangenheit, doch es sind zeitlose Werte und Qualitäten, die neu belebt und in modernerer Form ausgedrückt und gelebt werden sollen, und zwar durch dich in der jetzigen oder kommenden Generation.

Unsere Ahnen wieder in unser Leben zu integrieren und ihre Gaben, ihre Stärken und Talente in eine neue, moderne Form zu bringen, sie ausdrücken und zu leben, damit schließt sich der Kreis, und ich erfahre mich als Traum meiner Ahnen. Das ist der neue Anfang auf der neuen Entwicklungsebene: in Cokreation mit ihren Kräften und ihrer Unterstützung auf meine einzigartige Weise nach den Sternen zu greifen und den Himmel auf die Erde bringen.

KAPITEL 5

Mit der Kraft unserer Ahnen nach den Sternen greifen

»Jeder große Traum beginnt mit einem Träumer.
Denke immer daran, dass du in dir die Stärke,
Geduld und Leidenschaft trägst,
um nach den Sternen zu greifen und die Welt zu verändern.«

Harriet Tubman

Lass mich dir zu Beginn dieses Kapitels eine Geschichte vom Finden der Lebensaufgabe erzählen.

Der Schüler geht zum Meister und fragt: »Meister, wie finde ich meine Lebensaufgabe? Ich habe mir viel Wissen angeeignet, doch je mehr ich weiß, desto unfreier bin ich und desto weiter fühle ich mich entfernt von dem, was ich mit diesem Wissen erreichen wollte - nämlich meine Lebensaufgabe herauszufinden.«

Der Meister antwortet: »Ob dich das Wissen frei oder unfrei macht, hängt davon ab, in welchem Buch du liest. Schau, es gibt letztendlich nur drei Bücher. Das erste Buch ist das Buch der Möglichkeiten. Es ist das umfangreichste der drei Bücher. Du kannst es nie auslesen. Das Wissen darin vergrößert sich ständig, denn es beinhaltet alles Wissen über die äußere Welt. Hier findet sich alles über Mode, Politik, Erfindungen, bekannte Persönlichkeiten etc. Dieses Buch liegt immer aufgeschlagen vor uns, oftmals verlieren wir uns darin. In der modernen Zeit ist es das Internet. Unter dem großen Buch der Möglichkeiten liegt das zweite Buch. Es ist viel kleiner. Es ist das Buch der Selbsterkenntnis. Darin steht alles, was du erlebt und erfahren hast. Und darunter liegt noch ein Buch – das Buch der Wahrheit. Es ist so dünn, dass es viele überhaupt nicht sehen. Denn die meiste Zeit verbringen sie mit dem großen und schweren Buch der Möglichkeiten und blättern darin und diskutieren mit anderen über alles Mögliche. Dabei übersehen sie die beiden anderen Bücher. Wenn du jedoch du selbst sein und deine Lebensaufgaben finden willst, gilt es, das große Buch der Möglichkeiten aus der Hand zu legen und das zweite Buch, das Buch der Selbsterkenntnis, aufzuschlagen und darin zu lesen. Wenn du es dann gelesen hast, entdeckst du darunter auch das dritte Buch – das Buch der Wahrheit. Es hat keine Seiten, und wir können es nicht lesen, sondern nur betrachten. Dabei fließt das Wissen aus den beiden anderen Büchern in das Buch der Wahrheit ein, und plötzlich wandelt sich dein Wissen in Erkenntnis und du veränderst dich. Mit dieser Erkenntnis liest du im ersten Buch ganz anders, und es beginnt sich das herauszulösen, was zu dir gehört. Alles andere löst sich auf. Dadurch wird das vormals dicke Buch immer kleiner, bis nur noch eine einzige Seite übrig bleibt: Diese Seite ist deine Aufgabe im Leben. Hier kannst du wahrhaftig wirken. Wir alle haben die Aufgabe, uns selbst zu erkennen und aus dem großen Buch der Möglichkeiten die Seite mit unserer Lebensaufgabe zu finden, um auf dieser Erde wahrhaftig wirken zu können.«

Der Schüler bedankte sich bei seinem Meister. Nachdenklich verließ er ihn und machte sich am nächsten Tag daran, im Buch der Selbsterkenntnis zu lesen.

Diese Geschichte ist inspiriert vom Büchlein »Der Mai Tai trinkende Mönch und die Lehre der Authentizität« von Stefan Weiss. Sie weist auf sehr einfache Art und Weise auf etwas Grundlegendes hin, das die ganze Schöpfung durchzieht - die Wahrheit. Um ihr auf die Spur zu kommen, braucht es die Erkenntnis von unserem Selbst. Dieses Erkunden führt uns im Laufe der Zeit zur Spiritualität. Der bekannte TV-Journalist, Autor und Solarpionier Franz Alt interviewte im Jahr 2015, nach den Anschlägen von Paris, den Dalai Lama. Auf die Frage, was er unter Spiritualität verstehe, antwortete dieser: »Wesentlicher als Religion ist unsere elementare menschliche Spiritualität. Das ist eine in uns Menschen angelegte Neigung zur Liebe, Güte und Zuneigung - unabhängig davon, welcher Religion wir angehören.«

Spiritualität ist in jedem Menschen angelegt. Daher ist es auch ein wichtiges menschliches Bedürfnis, sie zu leben. Wenn Spiritualität fehlt, wird ein Gefühl des Unerfülltseins spürbar. Das Wort »Spirit« bedeutet im Englischen »Geist«. Der Geist ist nicht materiell. Er kann weder gemessen noch gewogen werden. Er erschließt sich uns nicht über den Verstand, jedoch in unserer Innenwelt, über die Intuition oder das höhere Bewusstsein der Transzendenz. Vor allem in der zweiten Lebenshälfte, wenn wir uns langsam auf den Heimweg machen, gewinnt das geistige, das innere Leben mehr an Bedeutung. Darüber finden wir auch den Zugang zu unseren Ahnen.

Selbstwerdung in der zweiten Lebenshälfte

In der Lebensmitte schiebt das Leben einen inneren Entwicklungsprozess an: den Prozess der Individuation. Nach Ansicht des bekannten Schweizer Psychologen Carl Gustav Jung (1875–1961) ist das der Weg zum Selbst. Ging es in der ersten Lebenshälfte darum, seinen Platz draußen in der Welt zu finden, gilt es nun, das Selbst im Inneren zu entdecken. Jung beschreibt diesen Vorgang als das Sich-selbst-Bewusstwerden der Seele. Er erläutert, dass das menschliche Wesen dual ist: Jeder Mensch trägt sowohl das Weibliche als auch das Männliche in sich. Die Anima, im Lateinischen »Seele«, ist das weibliche Element im männlichen Unbewussten – die innere Frau im Mann. Animus, im lateinischen »Geist«, ist der männliche Faktor im weiblichen Unbewussten – der innere Mann in der Frau. Je nachdem, was ein Mensch erlebt hat, sind diese beiden Anteile jeweils individuell eingefärbt. Harmonie und Ausstrahlungskraft entstehen, wenn beide in einer Person zum Ausdruck kommen. Kurz gesagt: Es geht darum, das wahre Selbst zum Ausdruck zu bringen, das sich zeigt, wenn ein Mensch seine weiblichen und männlichen Kräfte in sich harmonisch vereint hat.

Auf dem Weg der Individuation gilt es, die eigene Einzigartigkeit mit Licht und Schatten zu entdecken. Vor allem die Schattenseiten wollen ans Licht geholt und erlöst werden. Jung relativierte zu Lebzeiten das »Böse«, das bis dahin in der klassischen Seelsorge als Schuld und Sünde galt. Unter seinem Einfluss löste es sich zum »Schatten« auf. Der Schatten ist Jung zufolge die unbewusste Seite unserer Persönlichkeit, die wir selbst ablehnen. Ignorieren wir unseren Schatten, entwickelt er eine kraftvolle Eigendynamik. Ja zum eigenen Schatten zu sagen und ihn in die bewusste Persönlichkeit zu integrieren ist mittlerweile auf einer breiteren Ebene in der Gesellschaft, vor allem in der Psychologie und auch in spirituellen Kreisen, angekommen. Doch das Thema ist noch lange nicht in seiner Gänze erfasst. Denn der Schatten umfasst mehr als nur die ungeliebten Seiten der Persönlichkeit.

Auch unsere Ahnen liegen, wie bereits im Kapitel 4 (→ Seite 120) beschrieben, verdrängt im Schatten. Bringen wir Licht in unsere Verbindung mit ihnen, indem wir sie uns bewusst machen, kann uns die Resonanz zu ihren belastenden Erfahrungen unsere eigenen Schattenthemen näher bringen und helfen, sie zu integrieren.

Wenngleich die religiösen Institutionen versucht haben, die Verehrung der Ahnen aus dem Alltag der Gläubigen zu verdrängen, so kann eine bewusste Verbindung mit unseren Ahnen zum Entwicklungsmotor für unsere seelische Weiterentwicklung werden. Frei von Dogmen kann diese Verbindung eine wundervolle Seelsorge darstellen für jene, die mündig geworden sind. Sicher ist auf jeden Fall: Wer den Mut aufbringt, sich seinem Schatten zu stellen und ihn zu integrieren, entwickelt sich auf der persönlichen und der seelischen Ebene weiter.

Es ist die Seele, die uns mittels einer wachsenden Unzufriedenheit in der Lebensmitte ruft. Sie fordert uns heraus und auf, uns vom Ballast der Vergangenheit zu befreien, die Vergangenheit zu befrieden und uns dem zu stellen, was in uns als Bestimmung angelegt ist. Das Entdecken dessen, was noch in uns schlummert und uns ruft, braucht Raum und Zeit – und vor allem muss das Gewohnte, das Vertraute verlassen werden.

Wer sich auf dem Weg der Individuation befindet, ist dabei, die Goldader der eigenen Existenz zu entdecken und die mitgebrachten Talente und Gaben als Auf-Gaben zu erkennen, sie zu entfalten und sie mannigfaltig in den Dienst für die Menschen zu stellen. So kann diese Zeit auch als Reifezeit verstanden werden, ähnlich einer Frucht, die am Baum reift, bis sie gepflückt und genossen werden kann. Mir ist bewusst, dass dies so ganz und gar nicht der landläufigen Vorstellung des Älterwerdens entspricht. Die Ausrichtung auf Krankheit und Pflegebedürftigkeit sitzt fest in den meisten Köpfen, und so denkt kaum jemand daran, dass es auch möglich ist, gesund zu sterben. Doch auch dies wird sich in den kommenden Jahrzehnten ändern. Frauen werden in der Lebensmitte immer öfter erkennen, dass sie in den Wechseljahren von einer körperlichen in eine geistig-seelische Fruchtbarkeitsphase wechseln, in der noch so viel möglich ist.

Der Prozess der Individuation

Zurück zum Prozess der Selbstwerdung: Während dieses Prozesses fühlen wir uns anfangs oft sehr allein. So manche Beziehungen zu Freunden, aber auch zum Partner haben sich überlebt. So wundert es nicht, dass vor allem in der Lebensmitte, wo dieser Prozess so deutlich wird, unsere Herkunft vermehrt in unser Bewusstsein drängt. Die Fragen nach dem »Woher komme ich?«, »Was bringe ich mit?«, »Wie bin ich geworden, der ich bin?« brauchen Klärung. Und so gilt es, den Lebensrucksack abzustellen, ihn zu öffnen und Inventur zu machen.
Stellen wir uns folgende Fragen:

- Was dient mir und meiner Entwicklung noch?
- Was ist überlebt und nicht mehr förderlich?
- Was braucht Vergebung?

Das, was wir bislang erfahren haben, wie wir geprägt und erzogen wurden, was man uns vorgelebt hat, kann uns dabei helfen, ein größeres Verständnis für uns selbst zu entwickeln. Doch das reicht nicht aus, um Orientierung zu erlangen in dieser Zeit der großen Veränderungen. Es braucht tiefer führende Fragen und ehrliche Antworten:

- Wer bin ich, und was macht mich aus?
- Was macht mich wirklich glücklich?
- Was schlummert noch in mir und will gelebt werden, damit ich Erfüllung erfahre?
- Wie will ich leben?
- Wie will ich sein?
- Auf welche Ressourcen, äußerlich und innerlich, kann ich zurückgreifen?

Um Antworten auf diese essenziellen Fragen zu erhalten, ist es unsere Aufgabe, die Spreu vom Weizen zu trennen. Wir dürfen all das loslassen und entsorgen, von dem wir genau spüren, dass es uns nicht mehr entspricht, dass es uns lediglich in einer Scheinsicherheit gefangen hält und uns an der Weiterentwicklung hindert, weil wir lediglich die Verwalter und Verwalterinnen unseres Besitzes und des bislang Erreichten sind.

Damit das mitgebrachte, individuelle Potenzial entfaltet und gelebt werden kann, ist es von großer Wichtigkeit, die eigenen Wurzeln zu klären und sich von der Last und dem Leid aus der Ahnenreihe zu befreien. Dabei spielt es keine Rolle, wie alt wir sind. Vielmehr gilt es, überholte Klischees zu überwinden. Alte Einstellungen wie »man sollte«, »man müsste«, »man kann doch nicht« sind der Entfaltung des individuellen Potenzials zu opfern. Mögen die anderen denken, was sie wollen. Unsere Verantwortung liegt einzig und allein darin, uns selbst treu zu sein, unser Potenzial und uns selbst zu verwirklichen, ohne die Grenzen der anderen zu beschneiden.

Der Prozess der Individuation hilft uns, unsere Einzigartigkeit zu erkennen – das echte, wahre Selbst. Die Gaben unserer Ahnen aus den sieben Generationen sind wegweisende Attribute für ihre Erfüllung als Aufgaben. Durch die bewusste Verbindung mit unseren Ahnen wird es möglich, dass sie ihre in schwierigen Zeiten entwickelten Stärken mit uns teilen, uns damit unterstützen und uns darüber hinaus auch an ihrer Sehnsucht und an ihrem Traum teilhaben lassen. Indem wir unsere Ahnen bewusst in unser Leben integrieren und sie friedvoll in unserer Seele wirken, strömen uns aus diesem Reich sowohl ihre Stärken und Talente als auch ihr Wohlwollen und ihr Segen zu.

Du bist der Traum deiner Ahnen

Unsere Vorfahren haben in den letzten Jahrhunderten auf ihrem oftmals schweren Weg große Stärken und wertvolle Eigenschaften entwickelt, die ihnen geholfen haben, diese äußerst schwierigen Zeiten von Krieg, Hunger, Armut und Verzweiflung zu überwinden. Dabei haben sie auch ihre Sehnsucht gespürt, ihre Sehnsucht nach ihrem Wert, ihrer Würde, nach Selbstbestimmung, und sie haben von einem erfüllten Leben geträumt. Dieser Traum hatte ihren Geist ebenso erfüllt, wie der Schmerz ihrer leidvollen und die Freude ihrer glücklichen Erfahrungen. Diese Projektionen sind nie verloren gegangen innerhalb der Ahnenreihe, denn alles ist in diesem Feld gespeichert und wird auf unsichtbare Weise weitergereicht.

Was wäre, wenn die entwickelten Stärken deiner Vorfahren bereits in dir liegen? Was wäre, wenn du dir dieser Stärken bewusst werden könntest, sodass du in deinem Alltag auf sie zurückgreifen und damit die Herausforderungen in deinem Leben leichter meistern könntest? Was wäre, wenn die Stärken deiner Vorfahren ihre Gaben an dich sind und es an dir ist, diese Gaben als sinnvolle Aufgaben in deinem Leben auf deine einzigartige Weise zu erfüllen und damit zum einen den Traum deiner Ahnen zu verwirklichen und zum anderen auch deine Bestimmung, deine Berufung zu leben? Was würde das für dich und dein Leben bedeuten? Wie viel mehr Rückhalt, Verbundenheit, Klarheit und Orientierung würden dich auf deinem Weg stärken und begleiten? Und wie würde eine Welt aussehen, in der immer mehr Menschen aus diesem Bewusstsein heraus leben würden?

Mittels der Stärken unserer Ahnen, ihrer Gaben an uns, erfahren wir eine klare Orientierung für unsere Bestimmung. In uns vereinen sich ihre Sehnsucht nach Würde, nach Wert, nach Selbstbestimmung und nach einem erfüllten Leben. So soll ihr Traum durch uns ins Leben gelangen. Und so sind wir der Traum unserer Ahnen. Und es liegt klar auf der Hand, was wir zu verwirklichen haben. Indem wir das Echte, das Wesentliche in uns verwirklichen, verwirklichen wir ihren Traum. Ihre entwickelten Stärken sind ihre Gaben an uns, und sie gilt es, als Auf-Gaben auf unsere einzigartige Weise zu erfüllen. Damit verfeinern wir diese Qualitäten und bereichern damit unser und auch das Leben der Gemeinschaft.

Verbindung, Kommunikation und Austausch mit den Ahnen

Verbindung schafft Kommunikation und Austausch. Das ist das Neue! Die Verbindung mit unseren Ahnen wieder aufzunehmen ist ein spiritueller Akt. Damit nehmen wir auch die Verbindung auf zu dem, was größer ist als wir. Erst durch diesen bewussten

Akt kann Kommunikation entstehen, und das wiederum ermöglicht den Austausch.

Alles verbindet sich in uns, und das war schon immer so, weil alles in uns liegt. Wir haben über unseren Geist und unsere Seele zu all dem Zugang, was für unsere seelische Entwicklung wichtig ist. Ich nehme jedoch Abstand von dem vielerorts proklamierten »Alles ist möglich«. Allgemein gesehen mag das so sein. Doch im Hinblick auf die Weiterentwicklung der eigenen Seele ist nicht alles richtig, was möglich ist. Das Fundament in unserem Leben, unsere Ahnen sind hierfür richtungsweisender.

Der Prozess der Individuation hilft uns, unsere Einzigartigkeit zu erkennen. Der Traum unserer Ahnen zeichnet den Weg für unsere Bestimmung vor, die wir auf unsere einzigartige Weise, mit unseren individuellen Stärken und Fähigkeiten, kombiniert mit ihren Gaben, als Aufgaben verwirklichen. Auch wir träumen währenddessen einen Traum, mit dem wir das Ahnenfeld bereichern. Unsere Nachkommen werden diesen in sich erspüren und irgendwann auf ihre einzigartige Weise ausdrücken und verwirklichen. Und wir, wir werden sie dabei wohlwollend unterstützen.

So schließt sich ein Kreis, der kein Kreis ist. Vielmehr ist es eine Spirale, deren Kreisbewegungen sich mit der evolutionären Kraft des Lebens immer weiter ausdehnen. »Denn das Leben will nicht engen uns. Es will uns heben, weiten, Stuf' um Stuf'...«, so beschrieb es einst Hermann Hesse in seinem Gedicht »Stufen«.

Erlauben wir uns daher, im Vertrauen auf den Rückhalt und die Stärkung durch unsere Ahnen groß zu denken, groß zu handeln und damit nach den Sternen zu greifen. Denn bei dieser Zeitenwende, mit all ihren Krisen, geht es um mehr als um die Senkung von Treibhausgasen, um mehr als milliardenschwere Konjunkturpakete, um mehr als das, was sich die meisten materialistisch orientierten Politiker und Wissenschaftler vorzustellen vermögen, weil ihr Geist tief in der Materie gefangen ist und sie deshalb das große Ganze, das Leben, nicht sehen und vor allem nicht fühlen.

Was diese Welt braucht, ist, dass wir das alte Paradigma von einer getrennten Welt überwinden und in eine lebendige Beziehung zur Schöpfung, zu ihren sichtbaren Reichen, zu den Elementarkräften, zur Erde, zum Meer und zu allen Lebewesen, sowie auch zum Unsichtbaren – zu unseren Ahnen und zu den Engeln – treten. Hierfür gilt es, immer öfter im Buch der Selbsterkenntnis zu lesen und so auch das Buch der Wahrheit zu entdecken.

Neue Wege – alte Ziele

Wir alle wollen glücklich sein. Wir, die wir in Wohlstand leben, wissen mittlerweile sehr gut, dass wir nicht glücklicher sind, wenn wir viele materielle Besitzgüter angesammelt haben. Materie allein macht nicht glücklich. Das, was uns wirklich glücklich macht, ist, unsere angeborene Spiritualität zu leben. Liebe, Güte und Zuneigung sind jene Qualitäten, die in uns allen angelegt sind. Sie zu leben bedeutet, dass wir uns wieder verbunden fühlen und dass wir in den Austausch gehen, dass wir uns mitteilen, dass wir teilen. Nachfolgend eine kleine Geschichte eines unbekannten Verfassers darüber, wie ein tieferer Blick die Verbundenheit offenbart:

In einem großen Ozean, weit, weit weg, lagen viele Inseln. Sie waren sehr unterschiedlich: Eine Insel war sehr groß, auf ihr wuchsen viele bunte Blumen und Palmen, eine andere Insel war sehr klein und hatte einen langen weißen Strand. Eine weitere

Insel war sehr schroff und rau mit Steinen und Geröll, eine andere war sehr öde und leer und bestand nur aus Steppe und Sand.

Manche Inseln waren miteinander befreundet, tauschten sich aus, ließen Pflanzen und Tiere gedeihen und freuten sich über ihr schönes Leben. Andere Inseln waren zornig und neidisch, gönnten den anderen Inseln ihren Reichtum und ihre Schönheit nicht und waren sehr darauf bedacht, das Wenige, das sie besaßen, für sich selbst zu behalten. Und es gab eine ganz kleine Insel: fröhlich, neugierig und unbedarft, zu allen freundlich und immer noch im Wachstum. Ja, das wusstet ihr sicher noch nicht: Auch Inseln können wachsen.

Diese kleine Insel sah schon lange, wie die anderen Inseln sich stritten oder prahlten und sich immer mehr voneinander abgrenzten. Das machte sie sehr traurig. Und weil sie so traurig war, beugte sie ihren Kopf und schaute hinunter ins Meer. Das hatte vor ihr noch nie jemand getan. Als sie eine Weile so geschaut hatte, bemerkte sie etwas Eigenartiges: Je weiter sie auf dem Meeresgrund entlang schaute, desto mehr sah sie, dass all die verschiedenen Inseln ja eigentlich miteinander verbunden waren. Sie hatten alle den gleichen Grund und Boden. Nur weil das Meer zwischen ihnen lag und darum nur ein kleiner Teil von ihnen an der Oberfläche sichtbar war, glaubten sie, dass sie voneinander getrennt waren. Aber in Wirklichkeit stimmte das ja gar nicht!

Die kleine Insel hob freudig ihren Kopf und wollte diese wunderbare Neuigkeit allen anderen Inseln mitteilen. Aber viele reagierten abweisend und sagten, dass das ja wohl nicht sein könne, und die kleine Insel sei wohl verrückt geworden. Nur ein paar bescheidene und stille Inseln dachten darüber nach, und plötzlich fing die eine oder andere Insel an, selbst auf den Grund zu schauen. Und ja – die kleine Insel hatte recht! Sie waren tatsächlich in der Tiefe alle miteinander verbunden! Von nun an erzählten alle Inseln, die den Blick in die Tiefe gewagt hatten und es selbst erlebt hatten, von der neuen Wahrheit. Sie begannen mehr und mehr, alles miteinander zu teilen und sich gegenseitig zu unterstützen. Denn nun wussten sie ja: Was sie für den einen tun, tun sie im Grunde zum Wohle aller.

Erst mit der Sesshaftwerdung beginnt die Geschichte des Besitzes und die Geschichte von Arm und Reich, die einhergeht mit Ungleichheit und Gewalt. Etwas zu besitzen, es sein eigen zu nennen, gehört zur menschlichen Erfahrung. Und wir im alten Europa haben es zur Genüge gelebt. Vor allem die letzten zweihundert Jahre waren geprägt von der Industrialisierung, die zu einer Konsumwirtschaft des Überflusses und zu wachsendem Überdruss geführt hat, sodass mittlerweile neue Trends eine Gegenbewegung einläuten.

Gelebte Spiritualität verbindet. Verbundenheit ermöglicht Kommunikation und lässt uns in den Austausch, in ein Teilen gehen. Das geschieht in Ansätzen bereits, seit das Internet sein World Wide Web gespannt hat. Hier boomen die Tauschbörsen. Selbst die eigene Wohnung lässt sich inzwischen übers Netz teilen. »Ich glaube, wir erleben gerade die dritte Internetrevolution«, sagte Airbnb-Gründer Nathan Blecharczyk in der Zeit. »In der ersten gingen die Menschen online, in der zweiten vernetzten sie sich untereinander und teilten Informationen auf Facebook, Twitter & Co. In der dritten Phase übertragen die Menschen das Prinzip des Teilens nun zurück auf die reale Welt. Sie tauschen Kleider und Werkzeug, teilen Autos, Gärten oder Wohnungen. Und noch nie war Teilen so einfach wie heute. Dank sozialer Netzwerke können sich Fremde direkt und effizient vernetzen. So verändert sich unser Verhältnis zum Besitz und führt zu einer Konsumkultur, die sich nicht mehr so stark über Eigentum definiert, sondern vielmehr über den Zugang zu Gütern« (Osho Times, Oktober 2012).

Weniger besitzen, dafür mehr sein? Das Sein wird für viele Menschen in den modernen Industrienationen wichtiger werden. Um diesen Übergang zu schaffen, braucht es weibliche Werte, die bislang zu wenig gelebt wurden. Qualitäten wie Verbundenheit, Empathie, Liebe und vor allem eine gelebte Zeit. Das Internet ermöglicht unsere Vernetzung im Außen mit der sichtbaren Welt. In unserer Innenwelt können wir uns ebenfalls vernetzen mit dem Reich unserer Ahnen und auch dem Reich der Engel. Das Reich der Engel unterscheidet sich vom Reich der Ahnen lediglich in der Frequenz der Energie. Über den Geist erreichen wir beide - es braucht jedoch eine Frequenzerhöhung, um auf die Engelebene zu gelangen. Wir befinden uns bereits im Aufwach-Prozess, bei dem wir das alte Paradigma des Getrenntseins überwinden und erkennen werden, dass es hinter dem Horizont der Dualität weitergeht.

Wohin uns die Evolution als Nächstes führt

Herzensweisheit, Authentizität, Werte, Liebe, Seele, Selbst, Wahrheit ... Indem wir unsere innewohnende Spiritualität leben, werden wir lebendig und fühlend in Beziehung treten mit uns selbst, mit der Welt und der gesamten Schöpfung.

Du fragst dich vielleicht, wie das gelingen kann. Nun, es braucht ein Innehalten, ein Verweilen im Moment in Achtsamkeit. Es braucht die weibliche Kraft. Es braucht ein Sich-Einfühlen in das Wesen der Dinge. Das wirklich Wichtige dabei ist, dass wir diese Verbindung im Herzen fühlen, statt sie nur zu denken. Hierbei geschieht ein Frequenzwechsel, der wie ein Schlüssel wirkt und uns diese Reiche und lebendigen Kräfte zugänglich macht, sodass wir sie immer tiefer in uns selbst erfahren.

So kann es sein, dass wir am Meer stehen, seine Kraft lebendig in uns fühlen und mit ihm eins werden. Dazu braucht es ein offenes Empfänglichsein und ein Sich-Einlassen. Wir sind dazu fähig, uns mit allem in der sinnlich wahrnehmbaren Welt, aber auch darüber hinaus, mit den unsichtbaren Reichen, zu verbinden und damit zu kommunizieren.

Stellen wir uns Fragen, die in die Tiefe führen wie zum Beispiel:

◇ Wozu bin ich hier?
◇ Was ist meine Aufgabe hier auf Erden?
◇ Wozu ruft mich meine Seele?
◇ Welchen Traum haben meine Ahnen geträumt?
◇ Wovon träumt die Erde?
◇ Was will durch die Menschheit neu geboren werden?
◇ Und wie können wir damit unserem Planeten und dem Ganzen dienen?

Lass uns als Teil eines Ganzen verstehen, das so viel größer ist als wir selbst. Und lass uns fühlen, dass wir das Ganze in jeder unserer Zellen tragen und deshalb nie getrennt davon sind. Fühlen wir es in stillen Momenten, und vertrauen wir uns dem voll und ganz an.

Verbundenheit und Liebe zum Leben, zu sich selbst, zu unserer Herkunft, zu unseren Mitmenschen, zu allem Lebendigen und zur gesamten Schöpfung sind weibliche Qualitäten, über die jeder Mensch verfügt und die es einzubringen und zu leben gilt. Damit gelangen wir auf die nächste Entwicklungsebene unseres Menschseins.

In dieser Zeitenwende tun sich uns jetzt Hunderte von Pfaden auf. Sie führen in alle Richtungen, und alles wird möglich. Nicht alle sind für unsere seelische Weiterentwicklung wichtig und vor allem richtig. Lesen wir daher vorher im Buch der Selbsterkenntnis, bevor wir uns für einen dieser Wege entscheiden. Manche dieser Wege sind wir bereits gegangen und haben dabei unsere Lernaufgaben erfüllt. Für jene, die den alten Schmerz nicht loslassen können, führen die Pfade in unwegsames Gelände und tiefe Täler. Jene, die bereit zum Aufbruch und zur Erneuerung sind, führen die eingeschlagenen Wege in eine Welt, die heiler, schöner und wahrer ist, als sie sie bislang kannten.

Genau wie du stehe auch ich hier an dieser großen kosmischen Weggabelung, wo sich die Wege scheiden. Ich staune ob dieses Ausmaßes und dieser enormen Chance. Hier schließt sich für mich ein weiterer Kreis, der keiner ist. Auf meinem steinigen Weg in der ersten Lebenshälfte habe ich eine starke Persönlichkeit entwickelt. In den letzten Jahren durfte ich sie immer durchlässiger werden lassen. Vor allem in den letzten neun Jahren, seit ich im spirituellen Zentrum des Klosters Windberg lebe. Auf meinem inneren Weg habe ich in die Verbindung mit Jesus, aber auch mit vielen anderen spirituellen Ahnen gefunden. Ich habe all das in mir entdeckt und mir ist bewusst, dass es noch so viel mehr gibt, was in mir lebt und webt.

Seit der bewussten Verbindung mit meinen Ahnen verfüge ich über große innere Ressourcen. Es sind dies die Gaben der Freiheit, des Friedens, der Hoffnung, der Großherzigkeit und des Großmuts, der Stabilität und Sicherheit und der weiblichen Kraft. Diese Gaben aus meiner Ahnenlinie erfülle ich als Aufgaben in diesem Leben. So säe ich den Samen der Freiheit, nachdem ich sie in mir entdeckt habe. Ich finde tiefen Frieden in mir, den ich vor allem dort teile, wo sich in einer Situation die Gemüter erhitzen.

Ich hege die Gabe der Hoffnung in meinem Herzen und schenke sie, wo sie gebraucht wird. Ich habe viele meiner früheren Einstellungen und Ansichten verändert und dabei mein Herz geweitet, sodass darin viel Platz ist. Aus dieser Großherzigkeit heraus generiert sich auch der Mut, der mich Wege gehen lässt, die andere nicht gehen. Ich habe die in der Kindheit und Jugend so sehr vermisste Stabilität und Sicherheit in mir selbst, bei meinen Wurzeln gefunden und bin mir seither bewusst, dass sie nur hier zu finden sind. Meine weibliche Kraft schenkt mir die Gewissheit, dass sich das Leben durch mich ständig erneuert und dass es meine gelebten weiblichen Qualitäten sind, die das Leben nähren, pflegen und hegen, sodass ich es täglich als großes heiliges Geschenk erfahre und auch ehre. Ich weiß auch um den Traum meiner Ahnen. Begeistert und voller Passion verwirkliche ich ihn auf meine einzigartige Weise mit dem Licht und Feuer meiner Seele, während auch ich einen Traum träume.

Auch in dir liegen die Stärken deiner Ahnenreihe. Deine Seele weiß, mit wem sie in Resonanz und in Verbindung steht. Die friedlosen Ahnen in dir wollen Frieden finden, und daher lausche ihrem Ruf und folge ihm. Es ist dabei egal, ob du deine Ahnen kennst. Sei dir gewiss, deine Ahnen kennen dich. Es ist mir wahrlich ein großes Anliegen, dich zu ermutigen und darin zu bestärken, dass es sich lohnt, dich auf die Spur deiner Ahnen zu begeben und die Verbindung mit ihnen aufzunehmen. Während du deine Wurzeln klärst, wirst du Licht in diese dunklen Reiche bringen, vor denen viele Menschen aufgrund der vielen leid- und unheilvollen Geschehnisse in der Vergangenheit Angst haben.

Doch all das ist vergangen, und die damit verbundenen Emotionen gehören ebenfalls der Vergangenheit an. Wir dürfen sie hinter uns lassen, indem wir Licht in diese dunklen Bereiche, in die Schattenbereiche, bringen und sie erlösen. Auf diese Weise machen wir unsere Persönlichkeit durchlässiger für das Licht unserer Seele, für das, was unsere Seele auf ihrem langen Entwicklungsweg bereits alles gelernt und entwickelt hat, für all das Wissen und die Weisheit, die in ihr bereit liegen. Auch in dir ruht ein großer Schatz an altem Wissen, von dem du vielleicht in besonderen Momenten eine leise Ahnung bekommen hast. Du hast es jedoch nie gewagt, dich dem näher zu widmen, geschweige denn, es nach außen zu tragen. Zu groß lauerten die alten, der Vergangenheit angehörenden Gefühle der Wertlosigkeit, der Schuld, der Angst davor, ausgelacht, vertrieben oder gar verletzt zu werden. Doch jetzt, wo du in der Mitte deines Lebens stehst, deinen Platz in der Welt eingenommen hast, ruft dich deine Seele, um deine innere Heimat zu entdecken und die noch im Dunkeln liegenden Bereiche zu erhellen. Wage es, dein weibliches Reich, das dunkle Reich der Göttin in dir zu ergründen, es zu durchlichten, und erfahre dich in ihrer Essenz. Du trägst das gesamte Universum in dir. Jede Zelle ist durchwoben vom göttlichen Geist und der universellen Liebe.

»Ich bin das Licht der Welt.« Das sind die Worte Jesu, als Prophet, als Botschafter eines höheren Bewusstseins. Er galt als der Weg und das Licht. Mittlerweile ist dieses erweiterte Bewusstsein vielen zugänglich, sodass auch wir dieses Licht in uns immer mehr entdecken und in die Welt bringen können. Auch dir ist es möglich, dein Licht, das Licht deiner Seele, erstrahlen zu lassen und damit nicht nur das Reich deiner Ahnen zu erhellen, sondern auch die Welt da draußen, die gerade in der Morgendämmerung liegt. Bereits jetzt bist du eine zukünftige Ahnin. Teile deine Erfahrungen mit jenen in deiner Familie oder auch in deinem Freundes- und Bekanntenkreis, deren Seelen dafür offen und bereit sind.

Lass uns im Geist der Verbundenheit das Leben wieder als Geschenk ehren und achten und so wirtschaften, dass auch die nächsten Generationen auf der Erde leben und wertvolle Erfahrungen sammeln können.

So rufe ich dich auf, mach auch du mit! Verwirkliche den Traum deiner Ahnen und nutze dazu ihren Rückhalt und ihre bestimmende Kraft. Bekenne dich zu dir selbst, zu deiner Seele und zu deinem Licht! Lass es leuchten, teile es und reiche es weiter an alle, die nach uns kommen.

Immer mehr Menschen wachen langsam auf, reiben sich die Augen und staunen über das, was sie wahrnehmen, was sie empfinden und fühlen und was ihnen zu kreieren möglich ist - gemeinsam mit anderen. Finden wir heraus, in welche Welten jene Wege führen, die heiler, schöner und wahrer sind, als wir sie uns in unseren kühnsten Träumen nicht ausmalen können, und lass uns gemeinsam mit dem Rückhalt und der Kraft unserer Ahnen nach den Sternen greifen.

Nachwort

»Es adelt einen Menschen, ohne Rücksicht auf seine Kräfte,
nur im Vertrauen auf die Natur nach den Sternen zu greifen
und sich gar noch höhere Ziele zu stecken,
als selbst die größten Geister zu erreichen vermögen.«

Seneca

Als Entwurzelte bin ich über einen steinigen und entbehrungsreichen Weg in den ersten Lebensjahrzehnten zu mir selbst und zu meiner Seele geführt worden. Zu Beginn meiner »Klosterzeit« habe ich in einer Innenschau den Namen meiner Seele erfahren – LiShare. Der Name stand in einem großen, alten Buch in goldener Schrift geschrieben. Seither habe ich versucht, mir daraus einen Reim zu machen, habe Google nach seiner Bedeutung befragt, ohne ein brauchbares Ergebnis zu erhalten. Ich habe diesen Namen intoniert in der Meditation, habe ihn gemalt, getanzt und auch als Passwort verwendet. In den letzten fünf Jahren habe ich meine gemalten Bilder damit gezeichnet, ohne genauer zu wissen, was dieser Name bedeutet. Beim Schreiben dieses Buches hat sich mir seine Bedeutung langsam offenbart, und das möchte ich hier im Nachwort noch mit dir teilen.

Ich bin LiShare, die das Licht teilt und weiterreicht, so spricht meine Seele, die sich selbst erkennt. Die Antwort auf die Dunkelheit ist Licht. Ein entzündetes Streichholz bringt Licht in einen dunklen Raum und macht sichtbar, was vorher im Dunkeln lag. Umgekehrt ist dieser Vorgang nicht möglich. Ein wenig Dunkelheit vermag einen hellen Raum nicht dunkel zu machen.

Li ist das Hexagramm für Feuer im chinesischen Buch der Wandlung. Li, das Feuer, das Licht, von dem Gustav Mahler sagt, dass es darum gehe, es weiterzureichen.

Von der Entwurzelten über ein inneres Gefühl der Bodenlosigkeit und Leere habe ich, dem Ruf meiner Seele folgend, zu meinen Wurzeln, den familiären und auch den spirituellen, gefunden. Ich habe das verlassene, traurige Kind in mir nach Hause in mein Herz geholt. Aus dem Mangel kommend habe ich die Fülle und den Reichtum in mir entdeckt und bringe sie mit jedem Tag mehr im Außen in die Verwirklichung. Ich habe eine starke Persönlichkeit entwickelt und Halt und die Sicherheit in mir selbst gefunden.

Das war eine wichtige Voraussetzung für meine spirituelle Weiterentwicklung. Ohne diesen inneren Halt wäre es gefährlich gewesen, mein Bewusstsein so weit in andere spirituelle Reiche wie zum Beispiel in die Astralwelt hinein zu erweitern. Zu groß wäre die Gefahr gewesen, mich dabei zu verlieren. Auf meinem Weg habe ich zu dem gefunden, was mich tief innen wirklich ausmacht, was echt und wahr ist. Ich habe außerdem entdeckt, dass wir alle den Urgrund des Seins, der in jedem von uns zu finden ist, miteinander teilen, sind wir doch darin eingebettet. Auch du wirst davon getragen und trägst das Licht in deiner Seele. Es ist das Licht der Wahrheit, das keinen Anfang und kein Ende hat.

Ich habe einen Traum

Im alten Europa sind viele reife und alte Seelen inkarniert. Das weibliche Geschlecht bekommt derzeit von der Evolution Rückenwind. Und so bin ich mir sicher, dass vor allem Frauen im deutschsprachigen Raum die spirituelle Entwicklung in der Gesellschaft vorantreiben und dabei unser altes Heilwissen auf moderne Art einbringen können. Und so vernehmen wir den inneren Ruf unserer friedlosen Ahnen, die sich nach Frieden sehnen, und pflanzen ein Friedensgewächs in unseren und den Herzen der Menschen.

Dieser Ruf holt uns auch nach Hause zu unserem Kern. Und so werden wir unser wahres Wesen ausdrücken und das Wesentliche miteinander teilen. Wir finden wieder in ein lebenswertes Dasein im Hier und Jetzt. Tief verwurzelt mit der Erde, im Bewusstsein unseres göttlichen Erbes, bewundern wir die Schönheit und Fülle, die uns tagtäglich umgibt. Wir hegen und pflegen die Natur in Dankbarkeit und wertschätzen und feiern das Leben als ein heiliges Geschenk.

Unser Herz hält das Zepter in der Hand, und unsere Seele regiert aus mitfühlender Weisheit heraus. Tief verbunden mit dem Leben nutzen wir unsere schöpferischen Fähigkeiten und Talente und bringen so den Himmel auf die neue Erde.

Meine Arbeit

Mit meiner schamanischen Arbeit initiiere ich kraftvolle Transformations- und Erneuerungsprozesse und säe dabei den Samen der inneren Freiheit.

Bei dieser Arbeit greife ich auf das »alte Wissen« meiner Seele zurück, das sich mir im Laufe meines Entwicklungsweges offenbart hat, und bringe es in einer modernen Form zum Ausdruck. Dabei fließen auch Methoden aus anderen Lehren mit ein, wie zum Beispiel aus der Logosynthese von Willem Lammers, mit der ich sehr gute Erfahrungen gemacht habe. Die Logosynthese schließt Konzepte verschiedener Veränderungsschulen mit ein.

Immer zählt für mich die Wirkung. Denn nur was wirkt, schafft eine neue Wirklichkeit.

Ich arbeite sehr individuell und gestalte meine Programme und Coachings entsprechend dem, wo der Hilfe suchende Mensch in seiner Entwicklung als Person und Seele steht. Hierfür biete ich im Vorfeld ein kostenfreies Informationsgespräch an, bei dem wir herausfinden, inwieweit die Chemie stimmt, welche Anliegen es gibt und ob und in welcher Form ich dabei hilfreich und dienlich sein kann.

Ziel meiner Arbeit ist es, dass Menschen in der Lebensmitte sich von den begrenzenden Programmen ihrer familiären und genetischen Konditionierung befreien und auf ihr nächstes Entwicklungsniveau gelangen. Dabei setzen sie gebundene Lebensenergie frei und entdecken noch schlummernde Potenziale.

Ich inspiriere dazu, im Einklang mit der Seele groß zu träumen, eigene Werte zu definieren und verbunden mit der Kraft der Ahnen nach den Sternen zu greifen. Mein Motto lautet: »It's only the beginning.«

- ◇ Mentoring-Programm »Über deine Wurzeln zu deiner Krone«
- ◇ Einzelaufstellung der sieben Generationen »Der Ahnenfrieden« – eingebunden in einen 21-Tage-Prozess mit abschließendem Nachgespräch
- ◇ 2-Tage-Workshop »Der Ahnenfrieden«: Aufstellung der 7 Generationen in einer Gruppe
- ◇ 7-teiliger Online-Kurs »Der Ahnenfrieden«
- ◇ Jährliche stattfindende Seminarreise »Folge dem Ruf deiner Seele« auf Lanzarote

Weitere Informationen auf
www.biankaseidl.de

Zum Hören

Mein Audio-Ratgeber lädt dich mit drei geführten Reisen dazu ein, Frieden mit deinen Ahnen zu schließen und ihre positiven Gaben in dein Leben zu lassen.

- ★ Erfahrungsreise 1 – Geführte Innenreise zu deinem Lebensbaum
- ★ Erfahrungsreise 2 – Den Generationenstrom erfahren und dich von leichteren ererbten Lasten befreien
- ★ Erfahrungsreise 3 – Reise zu einer einzelnen Generation, um die Ahnengabe zu empfangen

Schamanische Ahnenarbeit – Geführte Reisen mit Trommelbegleitung
Mankau Verlag | Audio-CD | 14,95 € | ISBN 978-3-86374-647-6

Quellenverzeichnis

William Walker Atkinson: »Kybalion - Die 7 hermetischen Gesetze«, Aurinia Verlag 2011

Sabine Bode: »Kriegsenkel - Die Erben der vergessenen Generation«, Piper Verlag 2010

John Bradshaw: »Das Kind in uns - Wie finde ich zu mir selbst«, Knaur Verlag 2018

Anselm Grün: »Wurzeln - Festen Halt im Leben finden«, Vier Türme Verlag 2012

Francis Hallé: »Das Geheimnis der Bäume«, Dokumentarfilm, 2014

Varda Hasselmann, Frank Schmolke: »Junge Seelen - Alte Seelen, Die große Inkarnationsreise des Menschen«, Goldmann Verlag 2020

Drunvalo Melchizedek: »Die Blume des Lebens«, Band I und II, Koha Verlag 2020

Peter Orban: »Die Kraft, die aus der Herkunft stammt - Eine Reise zu den Wurzeln der eigenen Familie«, Kösel Verlag 1997

Jürgen Rieger: »Ahnenverehrung - Weg zur irdischen Unsterblichkeit«, Artgemeinschaft 2010

Rupert Sheldrake: »Das schöpferische Universum, Die Theorie des morphogenetischen Feldes«, Ullstein Verlag 2009

Stefan Weiss: »Der MaiTai trinkende Mönch und die Lehre der Authentizität«, Goldmann Verlag 2017

Peter Wohlleben: »Das geheime Leben der Bäume«, Ludwig Verlag 2016

www.evolution-mensch.de/Anthropologie/Ahnenkult

www.anthroposophie.byu.edu

Notizen

Notizen

Notizen

Notizen

Register

A

Achtsamkeit 35, 70 f., 184

Ahnen

- in der Tradition 36 ff.
- spirituelle 110 ff.
- Traum der 178 f., 189
- Verbundenheit 8, 12, 15, 17, 31, 89 ff., 112 ff., 120, 134, 179 ff.

Ahnen-Altäre 37

Ahnenaufstellung

- Fragen und Antworten 160 ff.
- systemische 119 ff., 169
- Vorgehensweise 130 ff.

Ahnenforschung 121 f.

Ahnenkulte 25

Ahnenschatz-Notizheft 114

Ahnenverehrung

- digitale 46 ff., 60
- im Christentum/in der Bibel 58 ff.
- in Afrika 54 ff.
- in China 49 ff.
- Verbot 55, 57
- Wiedererstarken 57 f.

Allergien 123

Analogie, Gesetz der 15 f.

Angst, vererbte (Beispiel) 61 f.

Ängste 13, 15, 68, 161

Animus/Anima 174

Armut, seelische 93

Atem 27 f., 94

Audio-Ratgeber 88, 91, 162, 196

Aufklärung, Zeitalter der 70

B

Bardo Thödröl 38 f.

Benedikt XIV. 59

Bestattungskultur 43 ff.

Bewusstsein

- erweitertes 13, 18, 20 f., 120, 188
- höheres 132, 173, 188
- verengtes 12 f., 18 ff., 31

Blecharczyk, Nathan 183

Bode, Sabine 65, 68

Brandt, Willy 103

Bruno, Giordano 26

C

Chi (Energie) 21 f.

»Chitektin« 22

Chloroplasten 28

Chung, koreanische Theologin 58

Cyber-Friedhöfe 46 ff., 60

D

Dahlke, Ruediger 31

Dalai Lama 118, 173

Darwin, Charles 54, 62

Depressionen 123
Descartes, René 18
Dückers, Tanja 68

E

Eckhart, Meister 96, 101
Eigenverantwortung 102 f., 116
Einstein, Albert 32, 87, 114
Emoto, Masaru 80 f., 143
Engelebene 184
Entwurzelung 77 ff.
Epigenetik 19 f., 60 ff., 70, 134, 161, 167
Epigenom 64
Erdung, fehlende 77
Evolution 184 ff.

F

Fallbeispiele 135 ff.
Familie als Basis/Kraftquelle 75, 81 ff.
Familienaufstellungen, systemische 25, 51, 122 f., 159, 169
Fantasiereise 87 f.
Felder, morphogenetische → u. Morphogenetische Felder
Feng Shui 21 f., 51
Fichte, Johann Gottlieb 96
Fotosynthese 23, 27
Freud, Sigmund 82
Friede, innerer 134, 160, 193
Fuß-Chakren 162

G

Geburt 41 f.
Gefühle, verdrängte 77
Generationen 37, 123 ff., 156 → a. Kriegsgenerationen
Generationenstern 90 f.
Glückseligkeit 43
Goethe, Johann Wolfgang von 76, 96
Grün, Anselm 85

H

Hallé, Francis 30
Halloween 36 f.
Haltlosigkeit 79 ff.
Heijmans, Bastiaan 63
Heisenberg, Werner 26, 71
Hellinger, Bert 25, 51, 122 f.
Hesse, Hermann 180
Hunger, vererbter 62 ff.
Hüther, Gerald 72

I

Identitätssuche 34
Individualisierung 88 f.
Individuation (Prozess) 174 ff.
Industrialisierung 70, 183
Initiationen 8, 22
Inneres Kind 142 ff.
Intuition 19, 32, 36, 114, 164, 173
Issendorff, Philipp von 61

J

JA/NEIN zum Leben 12
Jahreszeiten, kosmische 16
Jesus-Erfahrungen 115, 186, 188
Jung, Carl Gustav 174

K
Konditionierung, genetische 131
Konfuzius 50 f.
Kraftlinien Vater-Mutter 83 f.
Krebserkrankung 123
Kriegsgenerationen 65 ff.

L
Lammers, Willem 194
Lebensaufgabe finden (Geschichte) 171 ff.
Leichenschmaus 38
LiShare 191 f.
Logosynthese 194

M
Mahler, Gustav 60, 192
Meditation 34 f., 70
Morphogenetische Felder 25 ff., 95, 123 f., 161, 167

N
Naturverbundenheit 29 ff.

O
Opfer-Täter-Spiel 102, 104 f.

P
Panta rhei 20 ff.
Patriarchat 13
Planck, Max 71
Platonisches (bzw. Großes) Jahr 16
Plus-/Minuspol im Körper 162
Präzession der Tagundnachtgleichen 16
Prinzip, weibliches 9 f., 94
PTBS (Posttraumatische Belastungsstörung) 61

Q
Qualitäten der Ahnen 132 f.
Quantenfeld 109
Quantenphysik 26, 70

R
Rationalismus 19
Resonanz zu Ahnen 129, 155, 165, 167, 169, 175
Reumschüssel, Anja 60 f.
Rieger, Jürgen 50
Roseboom, Tessa 60
Rossbach, Sarah 51
Rumi 41

S
Schöpferkraft
- männliche 13
- weibliche 13 f.
Schuld(gefühl) 99 ff., 105
Schwitzhütten-Ritual 110
Seele
- Energieniveau der 82 ff.
- Reifegrad 121, 127 f.
- Sich-selbst-Bewusstwerden 174
Selbstverwirklichung 35
Selbstwerdung 174, 176 ff.
Sheldrake, Rupert 25, 95, 167
Specht, Simone 122
Spiritualität 60, 71 f., 173, 181, 184, 192

Stadtführungen 48
Stammbaum 37
Steiner, Rudolf 95 f., 98
Sterben → Tod
Sucht (Krankheitsbild) 30 f.
Suizidgedanken 155 f.

T

Taoismus 34, 51
Tauschbörsen 183
Tierkommunikation 111
Tod 24, 37 ff.
Tom Chi, Astrophysiker 27 f.
Torgemen, Bernard 62
Totenwache 38
Tradition 33 ff.
Transzendenz 173
Traumata, vererbte psychische 63 ff.
Trommelklänge 127, 130, 132

U

Umwelteinflüsse 61
Urvertrauen 79

V

Vererbbarkeit 60 ff.
Vergeben/Verzeihen 105 ff., 165
Verstrickungen 131 f.
Verwaistsein 7 f.
Volksseele 95 ff., 101, 104

W

Wahrnehmungskanäle 114 ff.
Weiss, Stefan 173
Weltbild, mechanistisches 18 f.
Weltenfrühling 16 f.
Werte, weibliche 184 f.
Wiedergeburt 18
Wilhelm II., Kaiser 97
Wohlleben, Peter 29

Y

Yin und Yang 34, 93, 162
Yin-Yang-Symbol 14
Yoga 34 f., 71
Yugas 16 f., 156

Z

Zweifel 13

Unsere Buchempfehlungen

Andreas Winter

WAS DEINE ANGST DIR SAGEN WILL

Blockaden verstehen und überwinden.
Mit Extra-Tipps gegen Panikattacken

9,95 € (D) / 10,30 € (A)
ISBN 978-3-86374-323-9

»Allen, die bereit sind, sich ihren Ängsten zu stellen und nicht mehr auf einen Therapieplatz warten wollen, kann dieses Buch sehr hilfreich sein. Mit drei Fragen zur Angstauflösung und vielen Beispielen hilft der Autor, die Ängste zu verstehen.«
Bärbel Wolf, Deutsche Fibromyalgie-Vereinigung (DFV) e.V.

»(...) So grauenhaft sich Panikattacken anfühlen: Angst kann man auch wieder loswerden. Wie das geht, weiß der tiefenpsychologische Coach und Bestseller-Autor Andreas Winter (...).«
Marie-Luce Le Febve, GlücksPost

Andreas Winter

HEILEN OHNE MEDIKAMENTE

Chronische Krankheiten: Seelische Ursachen aufdecken und gesund werden. Selbstcoaching in zehn Schritten

9,95 € (D) / 10,30 € (A)
ISBN 978-3-86374-190-7

»(...) Durch die Fallbeispiele aus Winters jahrelanger Arbeit wirkt das Buch sehr authentisch und die Botschaft des Autors wird überaus deutlich gemacht. Aber auch tragen die Fallbeispiele zu dem Unterhaltungswert des Buches bei und machen es neben den erstaunlichen Erkenntnissen Winters zu einem lesenswerten Stück Arbeit.« Deine Gesundheit

»(...) Grundlage seiner Aussagen ist der jahrelange Erfolg mit seiner Methode (...).« Aktiv & Gesund

Dr. med. Daniel Dufour

DAS VERLASSENE KIND

Gefühlsverletzungen aus der Kindheit erkennen und heilen

12,90 € (D) / 13,40 € (A)
ISBN 978-3-86374-533-2

»Für Dufour ist ›Verlassenheit‹ eine Krankheit, die geheilt werden kann und muss. An den Folgen, hervorgerufen durch das Unterdrücken von Wut über das Verlassensein, leiden viele Patienten: Blasenentzündung, Alkoholismus, Depressionen ... Dufour begreift den Körper als ›guten Freund‹, der uns auffordert, ›Krankheit als Chance‹ zu verstehen. Er rät dazu, die Denke zum Schweigen zu bringen und Emotionen, auch zornige, zuzulassen.« Basler Zeitung